表現力を鍛える

中級ドイツ語音読トレーニング

鷲巣 由美子 著

白水社

音声ダウンロード

本書にはドイツ語音声を用意しています。弊社ホームページの以下のサイトから無料でダウンロードすることができます。
https://www.hakusuisha.co.jp/book/b600628.html

吹き込み者：
千田ヴェロニカ／グラスミュック マルクス

装丁デザイン　株式会社エディポック＋株式会社ELENA Lab.
本文レイアウト　株式会社エディポック

はじめに

本書は、入門を終えて「ドイツ語の表現力を高めたいな」と考えている方に向けて記しました。

「教科書でひととおり学習したけれども思うように話せない」「文法はひととおり学び語彙表現もある程度は覚えたし、文章も少しずつ読めるようになっているけれど、学習した表現を組み合わせて使うことがなかなかできない」

これはかつて初級段階を終えた私自身が感じていた壁ですが、同じような壁を前にしておられる方が少なからずおられるのではないかと思います。

皆さんの頭には、すでにドイツ語の文法や語彙の知識がある程度格納されているはずです。ただ、その知識がまだ個々にバラバラで、積極的に使える形になっていないのです。ドイツ語の表現力向上のためには、これらの知識を統合して使える形にする必要があります。

音読は、ドイツ語のメッセージを形成する音声、文字、語句相互の関係、意味を統合しながら記憶にとどめる練習にうってつけです。とりわけ文を意味のまとまり（チャンクといわれます）で区切り、音読する練習は、ひとかたまりの表現を使える形で記憶に定着させることにつながります。この形の表現のストックができてくれば、ドイツ語で話したり書いたりしようとするときに、日本語で考えてそれをドイツ語に訳すのではなく、その状況で使えるドイツ語表現を記憶から取り出し、必要に応じて単語を入れ替えたりするだけですむようになります。本書は、音読に加えて表現の入れ替え練習も組み込むことで、このような応用力を伸ばすことも意図しています。

音読の素材としてはエッセイや小説などのリーディングテキストが定番ですが、本書ではSzene 01からSzene 18まで、日常のいろいろな状況にある人物のモノローグとしました。日常的なシーンとよく使う表現を取り上げています。表現の多くは口頭でも、またメールやメッセージなどのカジュアルな書き言葉でも使えるものです。

それに続くThema 01からThema 07はドイツ語圏の文化や社会をテーマとした軽いエッセイをテキストとしています。Szene 18までと較べるとより書き言葉的になっていますが、シンプルで応用範囲の広い表現を選んで使っています。

Szene 01からThema 07までを順番に取り組む必要はありません。ただSzene 01、02は、多くの方にとってなじみのある表現が多く、取り組みやすいと思われるので、最初に配置しています。またたとえばSzene 03「行事に誘う」とSzene 04「誘いに応じる・交渉する」のように、ことがらの順序に従って並んでいる場合には、その順序どおりに進むとよいでしょう。

それぞれの単元の構成と学習方法については、次ページ以降で説明しています。

本書の執筆にあたっては外国語学習における音読の効果についての文献を参照しました。とりわけ英語学習における音読やシャドーイングの効果をさまざまな研究で明らかにされ、学習者向けに解説もしておられる門田修平先生の著書から多くを学びました。一般向けに書かれた『音読で外国語が話せるようになる科学　科学的に正しい音読トレーニングの理論と実践』(SBクリエイティブ)には、外国語を学ぶ者にとって有益な情報が詰め込まれています。

本書を形にしていくにあたり、マルクス・グラスミュックさんに迅速かつ丁寧なドイツ語チェックをしていただきました。心からお礼申し上げます。

インターネットの発展などにより、ドイツ語学習の素材もかつてとは較べものにならないくらい豊かに、また多様になっています。本書で音読に取り組みその効果が実感できましたら、ご自身で素材を探し、音読学習を続けてみてください。本書が、意欲的に学んでおられる皆さんのドイツ語力向上の一助となり、また少しでも学習方法のヒントになれば、これほど嬉しいことはありません。

2022年2月

著　者

本書の構成と学習の進め方

» 音読練習の流れ

Step 1

テキストの意味と表現を音と結びつけながらとらえ、音読の準備を整える段階です。

① 概要把握

▶ テキストを一読しておおよその意味をつかみましょう。和訳も参考にしてください。

② 音声を聞いて黙読 (1)

▶ (ポーズ入りの) モデル音声を聞きながらテキストを目で追ってください。このときテキストの意味も考えながら聞くようにしましょう。必要に応じて右側ページの訳も参照してください。

③ 深い理解

▶ 解説を参考に辞書も利用しながら、文章の構成や意味を細部まで理解しましょう。

④ 音声を聞いて黙読 (2)

▶ 理解した内容や構文などを意識しながら、ポーズ入りの音声、ついでポーズなしの音声を聞き、それに合わせて心の中でまねして黙読します。長めの文については、前もってテキストの文章にチャンク単位でスラッシュを入れておくとよいでしょう。巻末のスラッシュ入りテキストも必要に応じて参照してください。スムーズにできるようになるまで何度かくり返してください。

Step 2

音読練習によりドイツ語表現を記憶に定着させてゆく段階です。

⑤ リピート

▶ポーズ入りの音声を聞き（ポーズの入っていない音声についてはチャンクごとに音声を一時停止）リピートしてください。音声を、その抑揚や強勢も含めてできるだけ正確にまねしましょう。喜びや不安などの感情の表現の場合には、ぜひ話者の気持ちになったつもりで発音しましょう。この段階でもチャンクの意味、チャンク同士のつながりを意識してください。

⑥ オーバーラッピング

▶次にポーズなしの音声に自分の声をほぼ重ねて（オーバーラップ）音読します。速さ、抑揚、強勢など、モデル音声に寄り添うようにしましょう。理解した意味内容も意識しながら声を出すことがポイントです。

⑦ 音読

▶いよいよモデル音声なしでテクストを音読します。モデル音声を頭の中で再生しながらそれに合わせて声を出すようにします。ここでも文章の文脈や内容を意識することが大切です。何度か練習したら、自分の音読音声を録音してチェックしてみましょう。

» 暗　唱

上記の流れで十分に音読に取り組んだら、数日後にまた同じ文章を使って暗唱する練習をしましょう。これも段階を踏んでおこなってください。

① ポーズの入ったモデル音声を聞き、テキストを見ずにリピートする
② ポーズなし音声を一文ごとに停め、テキストを見ずにリピートする
③ テキストの一部をペンや定規などで隠し、モデル音声から１～２語遅れてドイツ語を言う（シャドーイング）
④ モデル音声なしでテキストの一文を黙読し、ついで目を上げてその文を暗唱する

以上のセットをくり返し慣れてきたら、テキストを部分的に隠してモデル音声なしで暗唱することを目指します。ただし無理にテキスト全部を暗唱しなくてもかまいません。テーマや状況への親近感、これまでの学習経験などにより、覚えやすいテキストとそうでないものがあるはずです。覚えやすいテキストは全文暗唱を目指し、そうでない場合は、まずは覚えたい文を中心に暗唱しましょう。

» 表現解説（Ausdrücke）

音読用テキストに使われている表現のうち特によく使われるものを選び、類似の表現も例文とともに挙げ、それぞれの表現の特徴や使える範囲などを解説しています。このパートは文単位の学習になりますが、十分に音声練習しましょう。

» 応用練習

表現練習（Übung）

▶ 学習した表現を実際のコミュニケーションに近い形で使うシミュレーション練習のコーナーです。覚えた表現をそのまま会話のなかに組み込んだり、表現の一部を変更して応用したりします。

Sie sind dran

▶ 学習した表現をベースに、異なる状況やテーマに応用するコーナーです。いくつかの文からなるまとまったメッセージを書く問題を用意しています。

Inhalt［もくじ］

はじめに 3

本書の構成と学習の進め方 4

第1部

Szene 01 » 経歴を伝える 10

Szene 02 » 家族を紹介する 16

Szene 03 » 行事に誘う 22

Szene 04 » 誘いに応じる・交渉する 26

Szene 05 » 誘いを断る 30

Szene 06 » 不安なこと・心配ごと 34

Szene 07 » 励ます 40

Szene 08 » 嬉しいことを報告する 44

Szene 09 » 祝意を伝える 48

Szene 10 » 落胆を伝える 52

Szene 11 » 共感を伝える 56

Szene 12 » トラブルと苦情 60

Szene 13 » 謝罪 66

Szene 14 » 依頼 72

Szene 15 » 相談 78

Szene 16 » アドバイス 84

Szene 17 » 評価する・批判する 88

Szene 18 » 意見と議論 94

第2部

Thema 01 » 大晦日の恒例行事 100

Thema 02 » ドイツ人にとっての住居 106

Thema 03 » ジェンダーに配慮した表現 112

Thema 04 » シュレーバー菜園 118

Thema 05 » ドイツ人と自動車 126

Thema 06 » メリッタ・ベンツ 132

Thema 07 » クラブこそ生きがい 138

練習問題解答例 146

練習問題日本語訳 151

音読用テキスト（スラッシュ入り） 154

経歴を伝える

02 ポーズ付 03

● 経歴について述べたり質問したりする表現のレパートリーを増やしましょう。

Ich heiße Maki Tanaka und bin 1992 geboren. Seit 2020 arbeite ich als Bühnenbild-Assistentin. Schon als Kind habe ich mich für das Theater interessiert, und von 2011 bis 2013 habe ich in Hannover Schauspiel studiert. Aber nach und nach hat sich mein Interesse verschoben, und ich habe zum Studiengang Bühnenbild in Dresden gewechselt. Nach dem Diplom habe ich eine Stelle in einem Puppentheater bekommen. Die Arbeit gefällt mir sehr gut.

スラッシュ入りテキスト⇨154ページ

Vokabeln

geboren sein　生まれた(geborenはgebären「産む」の過去分詞)

das Bühnenbild　舞台美術

schon als Kind　子どもの頃から(直訳は「すでに子どもとして」)

das Schauspiel　演劇(一編のドラマという意味もありますが、ここではドラマの上演全般を指します。studierenと組み合わせて専攻として述べる場合には、無冠詞で使います)

nach und nach　だんだん

sich[4] verschieben　ずれる(verschieben >verschoben)

zu 3格 wechseln　(居場所など)～[3]に移る

das Diplom　学士

die Stelle　職、ポスト

Step 1

①概要把握 □
②音声を聞いて黙読(1) □
③深い理解 □
④音声を聞いて黙読(2) □

Step 2

⑤リピート □
⑥オーバーラッピング □
⑦音読 □

※詳細は5～6ページを参照

訳

田中マキと申します。私は1992年に生まれました。2020年から舞台美術のアシスタントを務めています。子どもの頃から演劇に興味があり、2011年から2013年までハノーファーで演劇を専攻しました。ところが次第に関心が移り、ドレスデン(芸術大学)の舞台美術専攻に移りました。学位取得後、私はある人形劇場に職を得ました。この仕事がとても気に入っています。

Mini-Info **年号の読み方**

1100年～1999年までの年号は、通常の数と異なり、頭の2桁とうしろの2桁のあいだにhundertを入れます。それ以外は整数と同じ読み方です。紀元前はvor Christusを年のうしろに添えます。紀元後(nach Christus)はたいてい省略します。

2000年	zweitausend
1992年	neunzehnhundertzweiundneunzig
1008年	tausendacht
804年	achthundertvier
紀元前10年	10 v. Chr. (vor Christus)

名乗る

04

heißen ～という名前だ

質問表現も含めて、いちばん一般的な表現です。

Ich heiße Maki Tanaka.

Wie heißt du?

Mein Name ist ...

フォーマルな印象の表現で、Sieで話す場合にほぼ限定されます。名前を先に述べる形を好む人も多いようです。

Guten Tag, mein Name ist Maki Tanaka.

Guten Tag, Tanaka ist mein Name.

Wie ist Ihr Name?

「名前を知っているはずなのに思い出せない…」というとき、当の相手に訊ねて失礼にあたらない場合にはistを過去形にして次のように問うことができます。

Wie war doch Ihr Name? お名前はなんとおっしゃいましたか？

「知っているはずなのにいまは失念してしまった」という気持ちを表すdochを入れるのがポイントです。第三者の名前については次のように訊ねます。

Wie hieß noch mal dein Klassenlehrer?
あなたのクラス担任、なんてお名前だったっけ？

ときの表現

年号 ふつう前置詞をつけずに言います。強調する際にまれにim Jahr 1992とJahrを添えて言うことがありますが、少しあらたまった印象の表現です。

Ich bin 1992 geboren.

seit 3格 ～^{3}以来

過去のある時点から現在まで続くことがらの起点を表します。現在を含むので、seitを使う文では動詞の時制は原則として現在時制です。

Seit 2020 arbeite ich als Bühnenbild-Assistentin.

seit meinem 30. (dreißigsten) Lebensjahr 30歳のときから

nach 3格　～^{3}のあとに

Nach dem Diplom habe ich eine Stelle in einem Puppentheater bekommen.

あることからどのくらいの時を経ているのかを述べる場合は、期間を４格で添えます。

Einen Monat nach der Geburt des Kindes hat sie wieder angefangen zu arbeiten.

出産の一ヶ月後に彼女はまた仕事に戻った。

als ...　～として、～だったとき

als Kind　子どものころ

少し硬い表現だとin meiner Kindheitという言い方もあります。als ich Kind warと副文で言うこともできます。

興味・関心

sich für 4格 interessieren　～^{4}に興味・関心がある

fürのあとにはPolitik（政治）、Modellbau（模型製作）、Astronomie（天文学）など、さまざまな名詞を入れることができます。

Schon als Kind habe ich mich für Theater interessiert.

an 3格 interessiert sein　～^{3}に興味・関心がある

interessierenを用いた状態受動の形の表現。sich^{4} interessierenとほぼ同じ意味で用いられることも多いですが、「あるもの・状態を手に入れたい」という場合にはinteressiert seinの方がよく使われます。

Die junge Generation ist daran interessiert, den Klimawandel zu stoppen.

若い世代は地球温暖化を止めたいと考えている。

卒業・修了

日本では卒業や修了の方に重点をおきますが、ドイツではdas Abitur（ギムナジウム修了資格試験、またその資格、同時に大学入学資格ともなる）やdas Diplom（学位）など、卒業や修了と同時に得られる資格の方に焦点をあてます。こうした資格を「取る」

という場合には、口語ならmachen、書き言葉ならerwerbenなどを使います。資格に触れずに「卒業／修了する」と言いたい場合には、abschließen（～^{4}を終える）を用いるとよいでしょう。

Nach dem Diplom arbeite ich als Assistent.

Ich habe 2008 mein Abitur gemacht.
私は2008年にアビトゥアを取りました。

2015 habe ich mein Studium abgeschlossen.
私は2015年に大学を卒業しました。

職業・仕事

als ...　～として

Lehrer、Betriebswirte（経営管理者）など、具体的な職務をともなった職種名とともに使われます。動詞arbeitenのほかにtätig sein（働いている）も用いられます。

Ich arbeite als Assistentin für Bühnenbild.

Ich bin als Zahntechniker tätig.　私は歯科技工士として働いています。

bei 3格　～^{3}で

会社などを挙げる場合に使います。

bei einem Beratungsunternehmen　コンサルティング企業で

bei der Stadt　市役所で、市の職員として

どんな仕事？

Was machst du denn so?　何をしていますか？

Was machen Sie beruflich?　仕事は何をしておられますか？

表現練習

表現例の一部を変えて言いましょう。

① 学校時代（in der Schulzeit）にすでに政治（die Politik）に興味をもっていました。

② 5年前から私は電機技師（der Elektriker / die Elektrikerin）として働いています。

解答例⇨146ページ

Sie sind dran

日本語を参考に、学習した表現を応用して友人宛の短いメールを作文しましょう。

06

Liebe Doris,

あなたもご家族もいかがお過ごしですか。
今年の初めから手話講座を受けています。子どもの頃から関心があったし、職場でも最近ときどき手話が必要になってきたんです。手話、やったことありますか？ほんとうにおもしろいです。

Lass mich von dir hören.
Herzliche Grüße
Maki

解答例⇨146ページ

Tipps

いかがお過ごしですか　ここでは「元気だといいなと願っています」と考え、ich hoffe, es geht ... とするとよいでしょう。

今年の初めから　seit Anfang des Jahres　この組み合わせの場合、ふつうAnfangに定冠詞をつけません。

手話講座　ein Kurs für Gebärdensprache

講座を受ける　ここでは講座の中身の方に力点をおきたいのでin einem Kurs ... lernenを使いましょう。

職場で　an meinem Arbeitsplatz

必要になってきた　jetzt「いまでは」とnötig「必要な」を組み合わせます。

おもしろい　「わくわくする」を表すspannendなどがぴったりです。

Szene 02

家族を紹介する

07 ポーズ付　08

● あなたにとって家族とは？　一例を読みましょう。

Meine Familie ist mir sehr wichtig. Ich wohne schon lange nicht mehr bei meinen Eltern, aber ich fahre regelmäßig zu ihnen. Ich habe eine Schwester und einen Bruder. Mit meiner Schwester komme ich besonders gut aus. Mein Großvater mütterlicherseits ist vor fast fünf Jahren gestorben. Meine Großmutter ist Mitte 70 und sehr aktiv. Sie war früher Lehrerin und gibt jetzt ehrenamtlich Kindern Nachhilfe. Meine Großeltern väterlicherseits besuchen wir jedes Jahr zu Weihnachten. Da kommen auch Tanten, Onkel, Cousins und Cousinen zusammen, und es wird recht heiter.

スラッシュ入りテキスト⇨154ページ

Vokabeln

die Familie　家族、家庭

schon lange nicht mehr ...　もう長いこと～でない

regelmäßig　定期的に

wir treffen uns ＜ sich[4] treffen　（前もって約束をして）会う

mütterlicherseits　母方の

fast fünf Jahre　約５年間（fastは、ある数・量に達していないがほぼその数・量であることを示します）

ist ... gestorben ＜ sterben　死ぬ、亡くなる（状態の変化を表すため、完了形はsein動詞とともに作ります）

Nachhilfe geben　補習をする（die Nachhilfeはder Nachhilfeunterrichtとも言い、学力不足を補う補習を指します）

Step 1

①概要把握 □
②音声を聞いて黙読(1) □
③深い理解 □
④音声を聞いて黙読(2) □

Step 2

⑤リピート □
⑥オーバーラッピング □
⑦音読 □

※詳細は5～6ページを参照

訳

家族は私にとってとても大切な存在です。しばらく前からひとり暮らしをしていますが、定期的に両親を訪ねていきます。私には姉(妹)と兄(弟)がいます。特に姉(妹)とは仲よくしています。母方の祖父は5年ほど前に亡くなりました。祖母は70代半ばでとても活動的です。彼女は以前教師をしており、いまはボランティアで子どもたちに補習をしています。父方の祖父母のところには毎年クリスマスに行きます。そのときには叔母、叔父、いとこたちが集まり、にぎやかになります。

---

ehrenamtlich　ボランティアで
väterlicherseits　父方の
zusammen|kommen　集まる

Mini-Info　**語順（1）**

Meine Großeltern väterlicherseits besuchen wir jedes Jahr zu Weihnachten.

この文の主語はwirですね。文章の流れからGroßelternがテーマになっているため、これを文頭においてフォーカスしています。ドイツ語ではこのように、文のテーマは文頭というルールがあります。日本語も「祖父母のところにはよく訪ねて行く」のようにテーマを「は」で示し文頭におくことがよくありますが、それと同じような感覚です。

家族

die Familie（家族）の範囲をどこまでととらえるかは、人によってちがいます。現代では配偶者を得て自分の家庭をもつと、そのFamilieには両親は入らないことが多いかもしれません。なお日本語の「家族」には集団としての意味と、その集団に属する個々のメンバーとしての意味がありますが、ドイツ語のdie Familieは前者で、家族ひとりひとりはdas Familienmitgliedと言います。

日本語では家族を紹介する際にまず「～人家族」や「～人兄弟」と総数を言いますが、ドイツ語で総数や家族の全体的な構成を問題にすることはそれほど多くありません。「こじんまりとした家族だ」「にぎやかな家族だ」などを伝えたい場合には、次のような表現を使うことができます。

Wir sind drei Personen.
私たちは３人（家族）です。

Zu meiner Familie gehören mein Mann, unsere zwei Kinder und unser Hund Sirius.
私の家族は夫、ふたりの子どもと犬のシリウスです。

現代ではさまざまな形の家族が存在し、それに応じた名称が作られています。またそうした名称で名指されることで、多様な家族の形があるということが可視化されてもいます。

Mehrgenerationenfamilie
複数世代家族（その名のとおり、祖父母、両親、子どもなど、複数の世代からなる家族のこと）

Kernfamilie　核家族

Patchworkfamilie
パッチワーク家族（親と、その一方、または双方の連れ子からなる家族）

Ein-Eltern-Familie
片親家族（alleinerziehende Mutter「シングルマザー」またはalleinerziehender Vater「シングルファザー」と子どもから構成される家族）

Wir sind eine kleine Familie, eine sogenannte Kernfamilie.
私たちは少人数の家族、いわゆる核家族です。

兄弟姉妹

日本語では兄弟姉妹は「いる」ですが、ドイツ語ではhabenを用いて表現します。日本語では「いる・ある」という存在に焦点をあてて表現するところを、ドイツ語ではよく主語に焦点をあてhabenを使って「(主語が) 持つ」と表します。ほかにZeit haben「時間がある」、Geburtstag haben「誕生日だ」、Fieber haben「熱がある」などがあります。

またドイツ語では「兄弟姉妹がいる」ことを相手に告げる際に、年上なのか年下なのかを言うことはあまりありません。話の流れによって、あとから具体的な年齢や生まれ年などを言い、Er ist um fünf Jahre älter.「(私よりも) 5歳上です」などと伝えます。

Ich habe eine Schwester und einen Bruder.
Haben Sie Geschwister?　ご兄弟はおありですか？
Ich habe keine Geschwister.　兄弟はいません。

「母方の」親戚・「父方の」親戚

mütterlicherseits / väterlicherseits

祖父母や伯父（叔父)、伯母（叔母）について「母方の」「父方の」と述べる場合、副詞mütterlicherseitsまたはväterlicherseitsを名詞のうしろに添えます。

Meine Großeltern väterlicherseits sind beide schon gestorben.
父方の祖父母はもう亡くなっています。

そのほかの家族・親戚

Schwiegermutter / Schwiegervater　義母／義父
Schwiegertochter / Schwiegersohn　義理の娘／義理の息子

Mit meinen Schwiegereltern komme ich nicht besonders gut klar.
義理の両親とは特によい仲だというわけではありません。

Schwäger / Schwägerin　義兄・義弟／義姉・義妹
unsere Tochter und ihr Ehemann　娘夫婦（「娘とその夫」と表現します）

仲がよい・悪い

mit 3格 gut/glänzend aus|kommen

Ich komme mit meinem Bruder besonders gut aus.
私は特に兄／弟とは仲よくしています。

sich⁴ (mit 3格) gut verstehen

Mit meiner Schwester verstehe ich mich nicht besonders gut.
姉／妹とはさほど仲がよくありません。

Wir verstehen uns sehr gut.
私たちは仲よくしています。

家族の重要さ

wichtig sein

Meine Familie ist mir sehr wichtig.
家族は私たちにとって大切な存在です。

3格 ... wert sein 「人³にとって～の価値がある」

Meine Familie ist mir viel wert. 私の家族は私にとってとても大切だ。
Was ist die Familie heute wert? 今日家族にはどんな価値があるのだろうか？

表現練習

10

例文の一部を変えて言いましょう。

①私の家族は祖母、父、弟と猫のLukasです。

②私は母方の祖父と特に仲よくしています。

解答例⇨146ページ

Sie sind dran

11

学習した表現を使ってメールの本文を作文しましょう。

Liebe Maki,
wie geht's? Geht's deinen Eltern auch gut?

うちの両親は、兄とパートナーのところに赤ちゃんが生まれたばかりなので大いに興奮しています。彼らもとうとうおじいちゃん、おばあちゃんになりました。私たちはみな、新しい家族が増えたことを喜んでいます。

Schreib mir bald.
Herzliche Grüße
Doris

解答例⇨146ページ

Tipps

赤ちゃんが生まれた　ein Baby bekommen

大いに　ganz schön

興奮している　aufgeregt sein

とうとうおじいちゃん、おばあちゃんになった　「いまではおじいちゃん、おばあちゃんである」と考えて nun Opa und Oma sein を使います。

増える＝いま新しい家族がいる　jetzt ein neues Familienmitglied haben

Szene 03

行事に誘う

12 ポーズ付 13

●ドイツ語圏でも日本でも、昔ながらの行事が各地に伝えられています。こうした行事に相手を誘う表現を学びます。

Anfang August findet in unserer Stadt ein großes Sommerfest statt. Am Abend ist es besonders schön. Da tragen die Leute Laternen und laufen tanzend durch die Stadt. Damit empfangen und trösten wir die Seelen der Verstorbenen, sagt man.
Hast du Lust und Zeit, mitzukommen? Das Fest ist vom 4. (vierten) bis zum 7. (siebten) August. Wir wollen am ersten oder zweiten Tag hingehen. Da ist es noch nicht so voll wie am Ende des Festes. Wenn du kommen kannst, hole ich dich vom Bahnhof ab.

スラッシュ入りテキスト⇨154ページ

Vokabeln

Anfang August　8月初旬(Anfangだけのときにはam Anfangと前置詞＋定冠詞の縮合形amがつきますが、このように月名が添えられる場合には通常、前置詞は添えられません)

statt|finden　催される、行われる

tragen ... Laternen　提灯を掲げる

laufen tanzend　踊りながら進む(tanzendはtanzenの現在分詞)

durch die Stadt　町を通って、町じゅうを

4格 empfangen　～^{4}を迎える

4格 trösten　～^{4}を慰める

die Seelen der Verstorbenen　死者の魂(die Verstorbenenは形容詞verstorbenから作られた複数名詞)

Lust　(～したいという)気持ち

hin|gehen　そこに行く

Step 1

①概要把握 □
②音声を聞いて黙読(1) □
③深い理解 □
④音声を聞いて黙読(2) □

Step 2

⑤リピート □
⑥オーバーラッピング □
⑦音読 □

※詳細は5～6ページを参照

訳

8月あたまに私の住んでいる町で盛大な夏祭りがあります。とりわけ晩がすてきです。提灯を掲げて踊りながら町を練り歩くんです。こうして死者の魂を迎え慰めるのだと言われています。もしよかったら、そして時間があったら、いっしょに行きませんか。お祭りは8月4日から7日まで。私たちは初日か二日目に行くつもりです。お祭り終盤ほどは混雑していないから。来られるようなら駅まで迎えに行きます。

---

da　そのとき(前文のam ersten oder zweiten Tagを受けています)

noch nicht so voll wie am Ende des Festes　祭りの終わりほどは混んでいない(so ... wieと原級比較になっています)

4格 ab|holen　～4を連れてくる、迎えにゆく

Mini-Info　**誘う**

「誘う」に相当するドイツ語の動詞には、einladen、ansprechen、fragenなどがあります。einladenは、相手を客として自分の家などに招く、かかる費用などを自分が負担したうえで誘うという場合に使います。ansprechenは「声をかける」。fragenは「(参加するかどうか)訊ねる」。たとえば「友だちを映画に誘った」はIch habe Freunde gefragt, mit mir ins Kino zu gehen.「(誘って)実際に行った」ことまで含意するのであれば、Ich bin mit Freunden ins Kino gegangen.などと言います。

質問の形での誘い

Wie wäre es mit 3格?　～^{3}するのはどうだろう？

Wie wäre es mit einem Spaziergang?　散歩でもしない？

Was halten Sie von 3格? / Was hältst du von 3格?　～^{3}はどう思う？

Was hältst du von einem Kinobesuch?　映画を観に行くのはどう？

Zeit haben　（あることをする）時間がある

Haben Sie Zeit? / Hast du Zeit?　お時間おありですか？／時間ある？

Lust haben　（あることをしたいという）気持ちがある

Haben Sie Lust, Kaffee trinken zu gehen?
コーヒーでも飲みに行きませんか？

Wollen wir ...?　～しませんか？

Wollen wir zusammen frühstücken?　いっしょにブランチしませんか？

Können Sie mitkommen? / Kannst du mitkommen?　いっしょに来られますか？

自分の家などに「来て」もらうのではなく、いっしょにどこかに出かけていくような場合でも、誘った自分の方に焦点をあて、動詞はkommenを用います。

命令文の形での誘い

気のおけない間柄の相手であれば命令文で誘うこともしばしばです。mit|kommen（いっしょに来る）、vorbei|kommen（ちょっと訪問する、立ち寄る）がよく使われます。

Komm doch vorbei.　Kommen Sie mal mit.

招待する

Ich möchte Sie zu unserem 10. Jubiläum einladen.
私たちの10周年記念にご招待いたします。

表現練習

15

満開の桜を見に行こうと友人を誘います。次の例文①、②をduに対する文に変えて補い、誘うセリフを完成させましょう。

①Haben Sie Lust, mitzukommen?

②Kommen Sie doch mit.

In unserer Nähe gibt es einen Fußweg mit Kirschbäumen. Anfang April stehen sie in voller Blüte. ① Das ist bestimmt schön. ②

解答例⇨146ページ／日本語訳⇨151ページ

Sie sind dran

16

日本語を参考に、学習した表現を応用して招待状を書きましょう。

この10月で私たちは会社の15周年を迎えます。そのことを皆さんとお祝いしたく、ここにご招待いたします。パーティーは10月1日18時に開催されます。その席でご挨拶申し上げることができましたら嬉しく存じます。

解答例⇨146ページ

Tipps

この10月　指示代名詞dieserを用いてdiesen Oktoberとします。

私たちは…迎えます　wir haben、未来ですが確実なことなので現在形を使います。

そのことを…祝い　動詞feiern（～^{4}を祝う）を使います。「そのこと」はdas。

ここに　hiermit（この書面をもって）

ご招待いたします　einladenは４格目的語が必要ですから、Sieを添えます。

その席で　dabei（その際に）

ご挨拶申し上げることができましたら　「～に挨拶する」は４格 begrüßen。「～できる」は、このフォーマルな表現ではdürfenが定番です。

嬉しく存じます　wir würden uns freuenと接続法第２式を使います。

Szene 04

誘いに応じる・交渉する

17 ポーズ付　18

●「いっしょに行かない？」という誘いに喜んで応じたい、ただし相手の誘いの条件は少し変えてもらいたい、そのようなシーンで使う表現を練習しましょう。

Danke für die Nachricht. Ich möchte gerne mitkommen. So ein Fest ist eine sehr seltene Gelegenheit. Aber da sind gerade meine Eltern bei mir zu Besuch. Eigentlich habe ich ihnen empfohlen, im Frühling oder im Herbst zu kommen. Aber sie konnten sich nur an diesen Tagen freinehmen. Darf ich sie vielleicht mitbringen? Sie würden sich sehr freuen, dich kennenzulernen, ich habe ihnen so oft von dir erzählt.

スラッシュ入りテキスト⇨154ページ

Vokabeln

die Nachricht　メッセージ(「ニュース」という意味もありますが、ここではコミュニケーション手段としての「メッセージ」)

da　そのとき(先行する情報を受けて場所や時間の枠組みを設定する指示詞)

bei mir zu Besuch　私のところを訪れている

4格 mit|bringen　人^{4}をいっしょに連れて行く

sich^4 frei|nehmen　休暇をとる

Sie würden sich sehr freuen　(連れて行ってよければ)彼らは喜ぶでしょう

Step 1

① 概要把握 □
② 音声を聞いて黙読(1) □
③ 深い理解 □
④ 音声を聞いて黙読(2) □

Step 2

⑤ リピート □
⑥ オーバーラッピング □
⑦ 音読 □

※詳細は5～6ページを参照

訳

メッセージをありがとう。ぜひ行きたいな。そんなお祭りってとても貴重な機会だし。ただちょうど両親が訪ねてくるんです。ほんとうは春か秋に来るといいよって言っていたんだけど。でもふたりともこの期間しか休みが取れなかったんだ。ふたりを連れて行ってもいいかな？　あなたと知り合えたら両親も喜ぶと思う、あなたのことをしょっちゅう話してきたから。

Mini-Info　mitkommen/mitgehen/ mitbringen/mitnehmen

「いっしょに行く」は多くの場合、mitkommenです。kommenは行き先に視点がおかれ、その行き先から見て主語が近づいてくるというイメージです。何かの催し物に人と行く場合にも、その相手、さらにその相手といっしょに訪れる場所に視点がおかれるため、mitkommenが使われます。gehenは、基準となる地点(多くの場合は現在地点)からの移動を含意します。相手といっしょに現在地をあとにする、といった場合には、mitgehenを使います。

「連れて行く」「持って行く」はどうでしょうか。mitbringenはbringenの意味が共鳴し「目的地に～を連れて行く、持って行く」と、持っていく先の相手が明確です。それに対して相手がおらず、主語となる人物があるものを持って／人を連れて現在地から移動するという場合にはmitnehmenを使います。

19

誘いに同意する

同意の表現はシンプルです。

Ja, gerne! 喜んで。①
Ich komme gerne mit. 喜んで行きます。
Das ist ja wunderbar. すばらしいね。
Das passt mir ganz gut. (日程や都合など) ちょうどいい。

＊番号のついた例文は表現練習で使います。

交渉する

自分の条件に合わせて相手の案を変えてもらえるように交渉するときの表現を確認します。相手の意向を訊ねる質問形式の丁寧表現を使うとよいでしょう。

Darf ich ...? ～してよいですか？

相手の許可を求める表現です。

Darf ich meinen Hund mitbringen? ②
犬を連れて行ってもよいですか？

Wie wäre es mit ...? ～はどうだろう？

誘うときの定番表現ですが、日時の交渉などにも使います。

Wie wäre es mit nächstem Samstag? ③
次の土曜日はどう？

Geht das? それでだいじょうぶですか？

ある条件で問題がないかどうか確認する表現です。

Mir würde der Sonntag am besten passen. Geht das?
日曜日が私にはいちばん都合がいいのだけれど、それでだいじょうぶ？

表現練習

Bの役になり、例文①～③を使って誘いに応じ、交渉をしましょう。

A：Nächstes Wochenende wird das Wetter schön. Wie wäre es mit einem Spaziergang?

B：①　②

A：Ja, natürlich. Wann passt es dir am besten?

B：③

A：Samstagnachmittag habe ich auch Zeit. Treffen wir uns um zwei, am Eingang des Waldes.

日本語訳⇨151ページ

Sie sind dran

学習した表現を使って、招待メールへの返信を作文しましょう。

ご招待をありがとうございます。喜んで伺いたいと思います。ただその日は18時まで別の約束が入っており15分ほど遅れてしまいます。それでかまわないでしょうか。記念すべき機会をともにお祝いできますことを楽しみにしております。

解答例⇨146ページ

Tipps

伺いたいと思います　「伺う」にはkommenを使います。

別の約束が入っており　einen anderen Termin haben

15分ほど遅れて　erst eine Viertelstunde später「15分遅れてようやく（来られる）」。開始時刻と到着時刻の差eine Viertelstundeは4格で表します。

それでかまわない　in Ordnung sein

記念すべき機会　Ihr Jubiläum　das Jubiläumは「記念日」。ここでは相手にとっての記念日なので所有冠詞Ihrをつけます。

ともにお祝いできますこと　zusammen feiern dürfen

Szene 05

誘いを断る

22 ポーズ付　23

●誘いを断るときには気を遣います。相手の気持ちを慮るスマートな断り表現が使えるとよいですね。

Danke für die Einladung zum Theaterbesuch. Das Drama *Der zerbrochene Krug* habe ich damals in der Schule gelesen und fand es sehr unterhaltsam. Es ist sicher spannend, das Stück auf der Bühne zu sehen. Ich wäre schrecklich gerne mitgekommen. Aber wie du weißt, habe ich gerade viel um die Ohren. So muss ich dir diesmal leider absagen. Es tut mir leid! Wenn ich alles hinter mir habe, melde ich mich wieder.

スラッシュ入りテキスト⇨155ページ

Vokabeln

die Einladung zum Theaterbesuch　観劇への招待

das Stück　ここではdas Theaterstück(演劇作品)のこと。

ich wäre ... mitgekommen　行かれたら行くのだが(接続法第2式を用いて、現実には行かれないことを示唆しています)

schrecklich　(口語で)とても

viel um die Ohren haben　しなければならないことがたくさんある

So muss ich dir ... absagen　あなたの誘いを断らざるをえない

wenn ich alles hinter mir habe　(厄介なことが)すべて終わったら

sich⁴ melden　連絡をする

Step 1

① 概要把握	□
② 音声を聞いて黙読(1)	□
③ 深い理解	□
④ 音声を聞いて黙読(2)	□

Step 2

⑤ リピート	□
⑥ オーバーラッピング	□
⑦ 音読	□

※詳細は5～6ページを参照

訳

観劇に招待してくれてありがとう。戯曲「こわれがめ」は学校時代に授業で読んだことがある。とてもおもしろいと思ったな。この作品を舞台で見たらきっとワクワクするだろうね。いっしょに行けたらよいのだけれど。

ところがご存知のとおり、ちょうどいま立て込んでいるんだ。それで今回はお誘いにのれない。申し訳ない。用事が全部すんだらまた連絡するよ。

Mini-Info **断る**

「断る」にあたるドイツ語にはabsagenとablehnenがあります。absagenは「誘いやアポイントメントなどに応じない」という意味で使われます。よく組み合わせて使われる目的語にはeinen Termin、eine Teilnahme、einen Besuchなどがあります。反意語はzusagen(応じる、承諾する)。

それに対してablehnenは「人から提供されるものを受け取らない」「人に与えるのを拒否する」といった意味で使われます。ein Angebot(申し出、提供)、eine Unterstützung(援助)などの目的語と使われます。

24

関心・共感を示す

いきなり断るのではなく、自分も関心がありできれば誘いに応じたいところなのだ、ということをまず示すときに使える表現です。

Das klingt sehr interessant.　とてもおもしろそう。①
Die Ausstellung wollte ich auch besuchen.
その展示には私も行きたかったんです。

Das Thema interessiert mich sehr.　そのテーマにはとても興味があります。

Ich wollte mich auch längst bei dir melden.
私もずっとあなたに連絡したいと思っていました。

＊番号のついた例文は表現練習で使います。

断る

leider　残念ながら

Da kann ich aber leider nicht.　でも残念ながら行けません。②

Leider bin ich zum genannten Termin verhindert.
あいにくちょうどそのときは駄目なんです。

Leider ist diese Woche aber bei mir schon verplant.
残念ながらその週はもう予定で埋まってしまっています。

接続法第２式

接続法第２式を用いて「本来なら行きたいのだが」などと述べることで、「実際には誘いに応じることができない」ことを示唆します。

Ich wäre gern gekommen.　伺いたいところなのですが。

拒絶の理由を述べる

Ich habe bereits einen anderen Termin.　すでに別の約束があります。③
Da bin ich auf einer Geschäftsreise.　ちょうど出張なんです。

今後の見通し

Nächstes Mal bin ich aber sicher dabei. 次はきっとごいっしょします。

Ich melde mich, wenn ich mehr Luft habe. もう少し落ち着いたら連絡します。

表現練習

25

Bの役になり、例文①～③を使って会話をしましょう。

A：Nächsten Freitag gibt es einen Vortrag über die Entstehung des Universums. Hast du Lust, mitzukommen?

B：①　②

A：Schade. Hast du keine Zeit?

B：Leider nicht.　③

A：Da kann man nichts machen.　Vielleicht ergibt sich irgendwann wieder eine Gelegenheit.

日本語訳⇨151ページ

Sie sind dran

26

友だちから映画に誘われました。断りのメールを作文しましょう。

連絡ありがとう。喜んでごいっしょところですが、ちょうど来週は出張に出ているのです。残念！　戻ったら連絡します。ごはんでも食べに行きましょう。

解答例⇨147ページ

Tipps

戻る　zurück sein（戻ってきている）

ごはんでも食べに行く　mal essen gehen（軽く例示的に述べる「～でも」のニュアンスを話法詞のmalが表します）

Szene 06

不安なこと・心配ごと

27 ポーズ付　28

● 重要なチャンスが掴めるかどうかの面接、大勢の前でのスピーチなどは、誰しも緊張するもの、そんな不安や緊張を伝える表現を学びます。

Hast du schon einmal auf einer Feier eine Rede gehalten? Ich noch nie! Und morgen muss ich das auf der Hochzeit meiner besten Freunde tun. Ich bin so nervös. Zwar habe ich alles so gut wie möglich vorbereitet. Aber ich bin schon so angespannt. Ist der Text gut genug? Soll ich besser noch heitere Episoden einbauen? Was meinst du? Ich möchte ja die Gäste und besonders die Braut und den Bräutigam nicht enttäuschen.

スラッシュ入りテキスト⇨155ページ

Vokabeln

das ... tun　それをする（dasは前文のauf einer Feier eine Rede haltenを表します）

zwar ... aber ...　たしかに...だがしかし...

so gut wie möglich　できるかぎり、最善を尽くして

soll ich besser ... einbauen　組み込んだ方がいいのか（sollenはここでは相手の判断を尋ねています）

heitere Episoden　陽気なエピソード

4格 enttäuschen　人^{4}を失望させる、幻滅させる

Step 1

① 概要把握 □
② 音声を聞いて黙読 (1) □
③ 深い理解 □
④ 音声を聞いて黙読 (2) □

Step 2

⑤ リピート □
⑥ オーバーラッピング □
⑦ 音読 □

※詳細は5～6ページを参照

訳

これまでにパーティーでスピーチをしたことはあるかい？　僕はないんだ。それなのに明日親友の結婚式でしなければならなくなったんだ！　落ち着かないよ。できることは全部しっかり準備したけど。でももうすっかりあがってる。原稿はもうこれで大丈夫かなぁ？　明るい話をもう少し盛り込んだ方がいいかな？　どう思う？　ほかの参列者やなんといっても新婦と新郎をがっかりさせたくないんだ。

Mini-Info　undの意味

この章のテキスト中、3つめの文の冒頭でundが使われています。Ich (habe) noch nie (auf einer Feier eine Rede gehalten)! に続く文です。このundを「そして」「それから」と理解すると、「スピーチをしたことがない、それで明日スピーチをすることになった」と、文のつながりがちょっとおかしくなります。したことがない「のに」することになった、と解釈した方が道理にかなっています。

undがふたつの文をつなぐとき、undそのものには意味はなく、undで結ばれるふたつの文の関係からそのときどきのundの意味が決まります。「そして」「それで」と理解すればよいケースが多いですが、この意味で「おかしいな」と感じたら、ふたつの文の関係に注目してみましょう。

29

不安や緊張

haben + 名詞

habenの目的語となる、不安や気がかりな状態を表す名詞には次のようなものがあります。

Stress ストレス

Stressとは、外界からの刺激によって身体や精神が受ける負担、そしてその負担によって生じる緊張状態のことをいいます。例文のようにhabenと組み合わせるほか、unter Stress sein/stehen（ストレス状態にある）という形もよく使われます。

Ich habe solchen Stress! すっごくストレスを感じる！ ①

＊番号のついた例文は表現練習で使います。

Angst 不安
Sorge 心配

Angstはある存在や何らかの状況によって「脅かされている」と感じるときの感情を言います。「脅かされている」という感情が重要で、恐怖や不安の対象が漠然としている場合でもAngstは成立します。

Ich habe Angst vor der Zukunft.
これからのことが不安です。

それに対してSorgeは、好ましくない状況を具体的に考え、それが生じるのを怖れる気持ちのことを言います。Sorgeは、場合によっては好ましくない状況が生じないようにするための原動力にもなります。それに対してAngstは積極的に状況を変えることにはつながりません。

Ich habe Sorge um die Zukunft.
将来どうなるのか心配です。

形容詞

緊張、不安、興奮などを表す形容詞には以下のものがあります。

nervös	あがっている、ナーバスな
unsicher	自信のない、不安な
unruhig	心が落ち着かない、そわそわした
aufgeregt	興奮した、どきどきした
gestresst	ストレスのかかった
hilflos	どうしてよいかわからない

Ich bin aufgeregt und fühle mich unsicher. ②
舞い上がっちゃって自信がなくなってる。

動詞

fürchten	～ということを怖れる、不安に思う（よくdass文と使われます）
befürchten	～を怖れる（ネガティヴな意味の名詞と使われます）

Ich fürchte, dass es schiefgehen wird.
うまくいかないのではないかと不安だ。

Wir befürchten einen noch schlimmeren Schaden.
私たちは損害がさらに大きくなるだろうと怖れています。

不確実さ

どうなるのかわからなかったり予測がつかなかったり、判断に自信がもてなかったりするとき、人は不安になります。そのような状態を伝える表現をいくつかまとめました。

ungewiss

ungewissは「不確実だ」という意味で使われます。

Wie es weitergeht, ist ungewiss.
これから事態がどうなるのか、不確実だ。

sicher / unsicher

形容詞sicherには、主語が「確信を持っている」という意味と、ことがらが「確実だ」という意味と、ふたつの使い方があります。

Ich bin mir nicht sicher, ob meine Entscheidung richtig war.
決断が正しかったのか確信が持てない。

Die Arbeitsbedingungen sind noch unsicher.
作業条件／仕事の条件はまだ不確かだ。

wissen nicht

「わからない」状態を表します。

Ich weiß nicht, was ich falsch gemacht habe.
何がいけなかったのかわからない。

Ich weiß nicht, was ich tun soll.
何をしたらいいのかわからない。

表現練習

30

Aの役になり、例文①、②を順番に入れて会話をしましょう。

A：Morgen habe ich eine Präsentation. ①

B：Du hast dich aber perfekt vorbereitet. Keine Sorge!

A：Ja, aber ... ②

B：Komm, lass uns Kaffee trinken.

日本語訳⇨151ページ

Sie sind dran

週末に口頭試験を控えています。準備はしたつもりですがだんだん不安が大きくなってきました。友人へのメールでそのことに触れましょう。

31

こんどの週末に口頭試験です。1ヶ月間十分に準備はしてきたけれど、でもどんどん不安になってきました。うまくいかないんじゃないかと心配です。心配で何も喉を通りません。どうしたらいいのかわかりません。

解答例⇨147ページ

Tipps

口頭試験　die mündliche Prüfung（この試験のことを以前にすでに相手に話していたような文面であるため、定冠詞を用います）

試験だ　statt|finden を用いて「試験が行われる」と表現します。

準備をする　sich⁴ (auf ４格) vor|bereiten

不安になってきた　immer größere Angst haben（「どんどん大きな不安を持つようになった」。動詞の時制は、現在も該当する事態なので、現在形です）

うまくいかない　schief|gehen

心配で　vor Sorge

何も喉を通らない　keinen Appetit haben（この日本語表現は、「食物が喉のどこかにひっかかる」「飲み下せない」ということではなく「食欲がない」ことを表しています。こうした慣用表現はその意味をしっかりとらえたうえで、対応するドイツ語表現を探す必要があります）

Szene 07

励ます

32 ポーズ付 33

●ピアノを習い始めて１年という友人。初めての発表会を控え緊張しているようです。

Euer Konzert ist ja schon dieses Wochenende. Bist du aufgeregt? Ich kann dich gut verstehen. Ich bekomme auch schnell Lampenfieber. Es gibt aber keinen Grund zur Panik! Du hast ja unglaublich intensiv geübt. Die Werke, die du mir vorgespielt hast, waren echt schön. Natürlich macht jeden so eine wichtige Gelegenheit nervös. Aber denke lieber daran, welche Freude dir das Klavierspielen macht. Und noch ein Tipp: Atme ganz tief und langsam. Das hilft!

スラッシュ入りテキスト⇨155ページ

Vokabeln

kein Grund zu 3格　～3する理由はない、～3することはない

Lampenfieber　出演前の緊張

Natürlich macht jeden so eine wichtige Gelegenheit nervös.　そのような重要な機会は誰をも緊張させる（so eine wichtige Gelegenheitが主語、jedenが動詞machtの４格目的語）

denke lieber daran　そのことを考えた方がいい（denkeはdenkenのduに対する命令形、daranのda-は後続の副文を指します）

atme　息をしなさい（atmenのduに対する命令形）

das hilft　それは役立つ

Step 1

①概要把握 □
②音声を聞いて黙読(1) □
③深い理解 □
④音声を聞いて黙読(2) □

Step 2

⑤リピート □
⑥オーバーラッピング □
⑦音読 □

※詳細は5～6ページを参照

訳

あなたたちのコンサート(発表会)はもう今週末だね。緊張してる？　その気持ち、よくわかる。私もよくあがってしまうから。でもパニックになる理由なんてない。だって信じられないくらい一生懸命練習してたじゃない。私に弾いて聞かせてくれた曲、どれもほんとうにすてきだった。もちろんこんな大切な機会には誰だってあがってしまう。でも、ピアノを弾くのがあなたにとってどんなに楽しいかってことを思い出した方がいいと思う。それからもうひとつアドバイス。ゆっくり深呼吸して。効果あるわよ。

Mini-Info **語順（2）**

Natürlich macht jeden so eine wichtige Gelegenheit nervös.
Aber denke lieber daran, welche Freude dir das Klavierspielen macht.

ひとつめの文では4格目的語である不定代名詞jedenが、2つめの文の副文中では人称代名詞3格のdirが、主語よりも前にきています。ドイツ語には、コミュニケーションのうえで重要な新規情報を含む要素ほど文末近くにおかれるという特徴があります。人称代名詞は既知の情報であり、また不特定の人や物を表す不定代名詞は新規情報が少ないため、動詞の近くにおかれます。そのため上記の文では、4格目的語のjedenや3格目的語のdirではなく主語so eine wichtige Gelegenheit、das Klavierspielenの方があとになるのです。

34

不安は不要

名詞句で

Nur Mut! だいじょうぶ（勇気を）。

Keine Sorge! 心配する必要はない。①

Kein Grund zur Panik! パニックにならなくてもだいじょうぶ。

※番号がついた例文は表現練習で使います。

文で

Sie brauchen wirklich keine Angst zu haben.

不安に思われる必要はありません。

相手の努力や能力を請けあう

２人称代名詞を主語として、「あなたはがんばった」などと言い励ますこともできます。

sich⁴ an|strengen がんばる

Du hast dich sehr angestrengt. あなたはとてもがんばった。②

sich⁴ vor|bereiten 準備する

Sie haben sich so gut vorbereitet. あなたはとてもよく準備なさいました。

sich³ viel Mühe geben とても努力する

Du hast dir viel Mühe gegeben. とても努力していたね。

すべきことをアドバイス

an sich⁴ glauben 自分を信じる

相手へのアドバイスは、sollenの接続法第２式sollte(n)や命令文を使って伝えます。

Du solltest nur an dich glauben. ③

とにかく自分を信じることだよ。

nurは相手の気持ちを鎮めよう、励まそうという話し手の気持ちを表す話法詞です。

Zuversicht haben 自信をもつ

Du solltest Zuversicht haben. 自信をもって。

nicht den Mut verlieren　弱気にならない

Verlier nur nicht deinen Mut.　弱気にならないで。

an 4格 denken　〜^{4}のことを考える

Sie müssen nur an etwas Positives denken.
ポジティヴなことだけ考えるようにしてください。

sein Bestes geben　最善を尽くす

Die Hauptsache ist, dass Sie Ihr Bestes geben.
大切なことは、最善を尽くすことです。

重要表現練習

35

Bの役になり、例文①〜③を使って会話をしましょう。

A：Am Wochenende ist der Wettkampf. Ich bin schon nervös.

B：① ②

A：Aber alle anderen haben sich auch angestrengt.

B：③

日本語訳⇨152ページ

Sie sind dran

36

就職活動中で面接を控えた親しい人を励ましましょう。

あさって面接かあ。どきどきするよね。面接のときは誰でも緊張するんじゃないかな。自信をもって。十分準備してきたんだから。

解答例⇨147ページ

Tipps

面接　口語体なのでdas Jobinterview。正式にはdas Vorstellungsgesprächなど。

〜かあ　「〜なんだね」と平叙文の語順をとる疑問文を使います。

どきどきするよね　「あなたはきっと(sicher)どきどきしている(nervös)でしょう」。

準備してきた　sich^4 vor|bereitenを現在完了で用います。

〜なのだから　「あなたも知ってのとおり〜なのだから」のニュアンスはjaで表します。

Szene 08

嬉しいことを報告する

37 ポーズ付　38

● 進学、就職、結婚といった節目、あるいはこれまでがんばってきたことの成果が出たときなど、身近な人に知らせたいですね。

Weißt du noch, dass ich mich um die Teilnahme an einem Austauschprogramm beworben habe? Heute habe ich das Ergebnis erhalten. Ich kann daran teilnehmen! Es waren mehr als fünfzig Bewerber und Bewerberinnen für acht Plätze, und ich war ganz schön nervös. Aber ich konnte den Auswahlprozess an sich genießen. Durch die Diskussion mit den Leuten ist mir meine eigene Idee klarer geworden. Ich konnte auch interessante Leute kennenlernen. Ich kann sicher weiter viel Neues erleben. Darauf freue ich mich sehr!

スラッシュ入りテキスト⇨155ページ

Vokabeln

sich⁴ um 4格 bewerben　～⁴に応募する、～⁴を求めて応募する

die Teilnahme an 3格　～³への参加(Teilnahmeは動詞teilnehmenから派生した名詞)

das Austasuchprogramm　交流プログラム(der Austausch とdas Programmからなる合成語)

daran teil|nehmen　それに参加する(daranのdar-は先行する情報、ここではdas Austauschprogrammを指します)

Es waren mehr als fünfzig Bewerber und Bewerberinnen　50人以上の応募者がいた(warenに対する主語はBewerber und Bewerberinnen)「応募者」ですが、新規情報であるために文末近くにおかれ、そのため空所となる文頭をesで埋めています)

schön　かなり

den Auswahlprozess an sich　選考の過程自体を

Step 1

①概要把握 □
②音声を聞いて黙読(1) □
③深い理解 □
④音声を聞いて黙読(2) □

Step 2

⑤リピート □
⑥オーバーラッピング □
⑦音読 □

※詳細は5～6ページを参照

訳

私が交流プログラムに応募していたのを覚えていますか？　今日その結果を受け取りました。参加できることになりました！　8人の枠に50人以上の応募があって、不安ではありました。でも選考過程そのものは楽しめました。他の人との議論を通じて自分自身のアイディアがより明確になりました。おもしろい人たちとも知り合えました。これからもきっと新しいことをいろいろ体験できるだろうと思います。とても楽しみです！

3格 klar werden　(あるものが)人^{3}にとって明確になる
viel Neues　たくさんの新しいこと(Neuesは形容詞neuの中性名詞化)
sich^4 darauf freuen　それを楽しみにしている

Mini-Info　「知る」

あることや人をあらたに「知る」ことは、世界を広げてくれますね。この「あたらしく知る」ということ、ドイツ語ではどう表現できるでしょうか。

人ならkennen|lernenを使います。kennenlernenはまたetwas Neues、fremde Länderなど事物にも用いられます。他者からの知らせや情報源などから「知る」のはerfahrenです。etwas Näheres(より詳細なこと)、das Ergebnis(結果)、dass文などと用いられます。

39

取り組んでいたこと

sich4 mit 3格 beschäftigen　～3に取り組む

Ich habe mich seit einigen Jahren mit einem Sanierungsprojekt beschäftigt.
数年前から再開発プロジェクトに取り組んできました。

sich4 um 4格 bewerben　～4に応募する

Wir haben uns um Fördermittel beworben.
私たちは助成金に応募していた。

an 3格 teil|nehmen　～3に参加する

Wir haben an einem Chorwettbewerb teilgenommen.　①
私たちは合唱コンクールに参加した。

Unsere Mannschaft nimmt an einem internationalen Wettkampf teil.
私たちのチームは国際試合に出る。

※番号がついた例文は表現練習で使います。

取り組みの結果

das Ergebnis erfahren　結果を知る

Heute habe ich das Ergebnis meiner Bewerbung erfahren.
私の応募の結果を今日知りました。

(in 3格) gewinnen　（～3において）勝つ

Wir haben gewonnen.　私たちは勝った。

4格 gewinnen　（賞などを努力などの結果として）獲得する

Unser Chor hat den ersten Preis gewonnen.　②
うちの合唱団が優勝した。

4格 bekommen　（賞などを）得る、手に入れる

Ich habe das Stipendium bekommen.
私は奨学金を得た。

4格 bestehen　合格する

Ich habe die Prüfung bestanden.
私は試験に合格した。

表現練習

Bの役になり、例文①、②を使って会話をしましょう。

40

A：Was hast du am Wochenende gemacht?

B：①

A：Wow! Und?

B：②

A：Na, herzlichen Glückwunsch!

日本語訳⇨152ページ

Sie sind dran

日本語を参考に、試験合格を報告する友人宛のメールを作文しましょう。

41

元気ですか。僕は絶好調。
試験の準備をするために、このところずっとドイツ語を集中的に勉強していました。
そして…合格したんだ！　ひとつの大きな目標を達成できてとても嬉しい。いまは次の段階を目指したいと思っています。

解答例⇨147ページ

Tipps

絶好調の　super

試験の準備をするために　um mich auf die Prüfung vorzubereiten

ひとつの大きな目標を達成する　ein großes Ziel erreichen

とても嬉しい　glücklich sein

次の段階を目指す　einen Schritt weiterkommen möchten（一歩前進したい）

Szene 09

祝意を伝える

42 ポーズ付 43

● 人から嬉しい知らせをもらって「おめでとう」と伝えるとき、どのような表現が使えるでしょうか。以前の同僚から届いた昇進の知らせへの返信で確認しましょう。

Du bist jetzt Abteilungsleiterin? Herzlichen Glückwunsch! Das freut mich sehr für dich und auch für die Firma, die die Mitarbeiter zu schätzen weiß! Du hast ja immer sehr verantwortungsbewusst und auch kreativ gearbeitet. Außerdem hast du für offene Kommunikation gesorgt, das finde ich besonders wichtig. Ich habe es immer angenehm empfunden, mit dir in einem Team zu arbeiten. Man sagt, Fleiß zahlt sich aus. Deine Beförderung ist ein gutes Beispiel dafür. Du hast sie wirklich verdient.

スラッシュ入りテキスト⇨156ページ

Vokabeln

Du bist ...?　あなたは…なんですよね(平叙文の語順の疑問文は相手への確認を表します)

Abteilungsleiterin　課長、部長(die Abteilung「部、課」とder Leiter/die Leiterin「あるグループ、団体の長、指導者」からなる合成語)

Das freut mich...　そのことが私を喜ばせる(dasは前文の内容を表します)

Du hast ja ... gearbeitet　あなたは仕事をしてきたのだから(jaは前文の理由を「あなたも知っているように」と既知のこととして述べるシグナルです)

verantwortungsbewussst　責任感をもって(die Verantwortung「責任」とbewusst「～を意識した」からなる合成語)

für 4格 sorgen　～^{4}をもたらす

sich^4 aus|zahlen　報われる

4格 verdienen　～^{4}という結果にふさわしい、～^{4}を手に入れて当然だ(ここでの目的語のsieは前文のdeine Beförderung「昇進」を指します)

Step 1

- ① 概要把握 □
- ② 音声を聞いて黙読 (1) □
- ③ 深い理解 □
- ④ 音声を聞いて黙読 (2) □

Step 2

- ⑤ リピート □
- ⑥ オーバーラッピング □
- ⑦ 音読 □

※詳細は5～6ページを参照

訳

こんど部長になったって？　ほんとうにおめでとう！　君のために、そして社員を評価することを心得ている会社のためにも、よかったと思う。君はいつだってとても責任感をもって、しかも創造的に仕事をしてきた。それに皆がオープンな態度でコミュニケーションをとれるように心を配ってきたよね。それって特に大切なことだと思う。君と同じチームで仕事をするのはいつだって快適だった。

努力は報われるって言う。君が昇進したのはその好例だね。昇進は君なら当然のことだと思うよ。

Mini-Info　過去の経緯も含意する現在時制

「この４月に課長になった」、ドイツ語ではIch bin seit April Abteilungsleiterin/Abteilungsleiter.と現在時制で表現するのがふつうです。ドイツ語の現在時制は幅が広く、「いま～だ」という表現で、そこに至るまでの変化も含意します。６課でも「どんどん不安になってきた」をIch habe immer größere Angst.と現在時制で表現しました。Ich habe immer größere Angst bekommen.など、現在完了で言うと、「不安になった」と過去のことを述べる文になります。

44

祝意を伝える

名詞の定型表現

次の定型表現がよく使われます。

Herzlichen Glückwunsch! ①
おめでとう！

※番号がついた例文は表現練習で使います。

「～について」と付け加える場合は zu ＋ 3格を添えます。

Herzlichen Glückwunsch zur bestandenen Prüfung!
試験合格おめでとう！

Gratulation!
おめでとう！

Mein Kompliment!
脱帽です！

3格 gratulieren　人[3]に祝意を表する、おめでとうと言う

Lass mich dir gratulieren.
おめでとうと言わせて。

Das ist ja großartig!
すばらしい！

相手を称賛する

4格 verdienen　～[4]を当然の結果として手にする

Das haben Sie verdient.
その結果は当然だ。あなたはそれにふさわしい。

sich[4] lohnen　報われる、甲斐がある

Ihre Mühe hat sich gelohnt. ②
努力が報われましたね。

4格 bewundern　人^{4}のことを感嘆する、すばらしいと思う

Ich habe dich immer bewundert.
あなたのこと、いつもすごいなあと思ってたんだ。

nicht jeder　誰もが〜というわけではない

So was kann nicht jeder machen.
そんなこと、誰もができるというわけではありません。

45

表現練習

Bの役になり、例文①、②（②は deine Mühe に変えます）を順番に入れて、ゲームのプログラミングにはじめて成功したという友人に祝意を伝えましょう。

A：Ich habe endlich ein Spiel zu Ende programmiert. Es funktioniert wunderbar.

B：Wow, wirklich?　①

A：Danke. Es war sehr schwer, aber ich konnte es doch schaffen.

B：②

日本語訳⇨152ページ

Sie sind dran

46

合唱コンクールで優勝したという知らせを友人からもらいました。学習した表現を使ってお祝いの気持ちを伝えるメールを作文しましょう。

嬉しい知らせをありがとう。おめでとう！
あなたたちはずっとあんなに集中的に練習していたし、いつもすごいなって思ってました。優勝はほんとうに当然の結果です。

解答例⇨147ページ

Tipps

嬉しい知らせ　die erfreuliche Nachricht

ずっと　die ganze Zeit

優勝　der erste Preis

落胆を伝える

47 ポーズ付 48

●ときには思うようにいかないこと、悲しいこと、がっかりすることなどもいろいろあります。そうした場合に使う表現を学びましょう。

Momentan fühle ich mich sehr deprimiert. Diesen Frühling wollte ich in Peru eine Wandertour machen. Weißt du das noch? Ausgerechnet vorgestern bin ich von der Leiter gefallen und habe mir das Bein gebrochen. Was für ein Pech! Ich wollte schnell eine Glühbirne wechseln. Ich war einfach unaufmerksam. Das hätte ich lieber auf später verschieben sollen. So ein Ärgernis! Und daran bin ich selbst schuld.

スラッシュ入りテキスト⇨156ページ

Vokabeln

deprimiert　落ち込んだ

eine Wandertour machen　トレッキングツアーをする

ausgerechnet　よりによって

ein Pech　不運（Pechはもともと「コールタール」の意、コールタールが服にべっとりつくのはたしかに不運、というわけでPechが不運の代名詞になっています）

eine Glühbirne　電球

einfach　ただもう

hätte ... sollen　～すべきだったのだが（しなかった）

4格 (auf 4格) verschieben　～^{4}を（～^{4}まで）延期する

das Ärgernis　腹立たしいこと

Step 1

① 概要把握 ☐
② 音声を聞いて黙読 (1) ☐
③ 深い理解 ☐
④ 音声を聞いて黙読 (2) ☐

Step 2

⑤ リピート ☐
⑥ オーバーラッピング ☐
⑦ 音読 ☐

※詳細は5～6ページを参照

訳

いまとても落ち込んでます。この春にはペルーにトレッキングツアーに行くつもりにしてたの。覚えてる？　それがよりによって一昨日はしごから落ちて脚を折っちゃったのよ。なんという運の悪さ！　電球をちょっと換えようって思ったのよね。不注意だったな。そんなこと後回しにすればよかったのに。まったくいやんなっちゃう。それも自分が悪いんだから。

Mini-Info　wissen

wissenは「知っている、知識がある」という意味の動詞ですが、思いのほか多様なシーンで使うことができます。

本課のテクスト中には、Weißt du das noch?という文があります。sich^4 erinnernは過去のできごとを覚えているという意味であるのに対して、「知識が(まだ)ある」という場合には、noch wissenを使います。

また飲食店での注文の際などに「まだ決めていない、選んでいない」というときにも、Ich weiß noch nicht.と、やはりwissenを使うことができます。この文のあとにwas ich nehmen möchte(何をもらうか)といった副文が隠れていると考えられます。「もう決めた？」と相手に訊ねる表現はWeißt du schon?です。

49

失意の原因

期待どおりにならなかったというできごとや状況、よくありそうなものをまとめました。

Wegen des Unwetters ist dieses Jahr der Wettbewerb ausgefallen.
悪天候のため今年はコンクールが取りやめになった。

Ich hatte hohes Fieber und musste die mündliche Prüfung absagen.
高熱が出て口頭試験を欠席せざるをえなかった。

Mit unserer Bewerbung hatten wir leider keinen Erfolg.
応募したけれども私たちはよい結果を得られなかった。

Die Aufführung ist schiefgegangen.
上演は失敗だった。

Ich habe nur den vierten Preis bekommen.
私は４等しかもらえなかった。

Unsere Mannschaft hat das Spiel verloren.
私たちのチームは試合に負けた。

Ich habe aus Versehen eine wichtige Datei gelöscht. ①
うっかりして重要なデータを消去してしまった。

※番号がついた例文は表現練習で使います。

失望

ärgerlich 腹立たしい

Das war sehr ärgerlich. ②
そのことはとても腹立たしかった。

enttäuscht がっかりした、失望した

Ich war sehr enttäuscht.
とてもがっかりしてしまった。

nicht zufrieden / unzufrieden 不満な

Mit dem Ergebnis bin ich gar nicht zufrieden.
結果にはまったく満足していません。

keine Lust mehr haben　もうやる気がない

Jetzt habe ich keine Lust mehr aufs Training.

トレーニングをやる気がもうまったく出ません。

表現練習

Bの役になり、例文①、②を順番に入れて会話をしましょう。

50

A：Was ist denn los? Du siehst so deprimiert aus.

B：① ②

A：Wirklich? Kannst du die Datei nicht wiederherstellen?

B：Das geht nicht. Ich hätte noch vorsichtiger sein sollen.

日本語訳⇨152ページ

Sie sind dran

51

落ち込んでいるところに友だちからメールをもらいました。返事を書きましょう。

メールをありがとう。実はいまちょっと落ち込んでます。
景観デザインコンペに参加していたんだけど、何の賞もとれなかったんだ。あんなにがんばって準備をしていたし、僕の案を友人たちも高く評価してくれていたんだけど。いまは何をする気も起きないな。

解答例⇨147ページ

Tipps

実は　ehrlich gesagt

景観デザインコンペ　ein Wettbewerb für Landschaftsgestaltung

参加していた　an 3格 teil|nehmen

何の賞もとれなかった　keinen Preis bekommen

あんなにがんばって　so hart

〜していたのに　dabei　この用法では必ず文頭におかれます。

私の案を高く評価する　meinen Entwurf hoch|schätzen

Szene 11

共感を伝える

52 ポーズ付　53

●落ち込んでいる相手には何と言っても共感を示すこと、支えになるよと示すことが必要だと言われます。状況によっては言葉が多すぎるのも逆効果。難しいですが、いくつか使える表現を提案します。

Du wirkst irgendwie abwesend. Was ist denn los? Was? Du sollst das Projekt vorzeitig abbrechen? Das Projekt, an dem du so hart und intensiv gearbeitet hast? Das ist ja wirklich ärgerlich. Ich kann mir vorstellen, wie enttäuscht du bist. An deiner Stelle wäre ich auch sauer. Denk jetzt lieber nicht mehr daran. Vielleicht solltest du jetzt Urlaub nehmen und dich ausruhen. Melde dich jedenfalls, wenn du mal Lust bekommen solltest, mit jemandem zu reden oder auszugehen.

スラッシュ入りテキスト⇨156ページ

Vokabeln

abwesend　不在の、ここにいない

Du sollst ...?　～しなければならないというのか？(sollenは主語以外の意思を表します。この文では、プロジェクトが中止されたのが会社などの他者の意向であることを示しています)

4格 vorzeitig ab|brechen　～^{4}を予定の期日より前にやめる

Ich kann mir vorstellen, wie ...　どんなに～だか私には想像できる

an deiner Stelle wäre ich ...　あなたの立場だったら私は～だろう(非現実を表す接続法第2式が使われています)

sauer　腹を立てた、むっとした

lieber　～する方がよい

sich^4 aus|ruhen　休む

sich^4 melden　連絡する

Step 1

①概要把握 □
②音声を聞いて黙読(1) □
③深い理解 □
④音声を聞いて黙読(2) □

Step 2

⑤リピート □
⑥オーバーラッピング □
⑦音読 □

※詳細は5〜6ページを参照

訳

なんだか心ここにあらずだね。どうしたの？　えぇ？　プロジェクトを途中でやめなければならないというの？　あんなに一生懸命、集中して取り組んでいたプロジェクトを？　それはひどいね。君がどんなにがっかりしているか、想像できるよ。僕が君だったらやっぱりいやな気持ちになるよ。もうそのことは考えない方がいいんじゃないかな。休暇をとって休んだらいいかもしれないね。いずれにしても、誰かとおしゃべりしたくなったり外出したくなったら連絡して。

Mini-Info **jemand**

jemand(誰か)は輪郭があいまいなために使いづらいように思えますが、慣れてくるととても便利な表現です。遠回しに自分のことを指して、wenn du jemand brauchst(誰か必要なら)などと言うことができます。

またできごとの輪郭をぼやかして伝えることもできます。

Jemand war gerade bei mir zu Besuch. (ちょっと人が来ていたんだ)

訪問者が誰であるのか会話相手に具体的に知らせる必要がない場合、あるいは知らせたくない場合には、このようにjemandを使います。

また自分には関係のない人物をjemandで表すこともできます。Jemand hat dich angerufen.(あなたに電話があったよ)といった具合です。

54

相手への共感

sich³ 4格 vorstellen können　～を想像できる、思い描くことができる

Ich kann mir gut vorstellen, wie es dir geht. ①
あなたがどんな状況、気持ちだか、よくわかります。

※番号がついた例文は表現練習で使います。

4格 verstehen　～⁴を理解する、～⁴がわかる

Ich verstehe deine Enttäuschung sehr gut.
あなたの失望はよくわかります。

4格 nach|vollziehen　(他者の気持ちや行動を)自分のこととして実感をもって理解する

Ich kann dein Gefühl gut nachvollziehen.
あなたの気持ちがよくわかる。

言葉をかけるのがためらわれるときにはたとえば次のように言うことができます。

Ich weiß nicht, was ich dir / Ihnen sagen kann.
あなたに何と言っていいのかわかりません。

相手への支持となぐさめ

an deiner Stelle / an Ihrer Stelle　あなたの立場だったら、私があなただったら

「同じように感じるでしょう、ふるまうでしょう」といった表現とセットで使います。なお動詞は非現実の仮定にもとづくため接続法第２式です。

An deiner Stelle wäre ich auch genauso enttäuscht.
私だって同じようにがっかりしたでしょう。

相手を主語として

Sie haben nichts falsch gemacht.
あなたはまちがったことをしていません。

Du hast wirklich dein Bestes getan. ②
あなたはほんとうに最善を尽くしました。

その他の表現

Ich wünsche dir viel Kraft. 元気が出るようにと願っています。

Das wird schon wieder. またよくなるよ。

表現練習

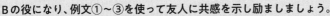

Bの役になり、例文①～③を使って友人に共感を示し励ましましょう。

A：Ich konnte die Prüfung nicht bestehen. Ich bin sehr enttäuscht.

B：①

A：Ich habe mich so angestrengt.

B：②

A：Ich bin trotzdem durchgefallen. Ich habe den Mut verloren.

B：Beim nächsten Mal schaffst du es bestimmt. 日本語訳⇨152ページ

Sie sind dran

がっかりしている友人へのメッセージを、学習した表現を応用して書きましょう。

プレゼンがうまくいかなかったんですって？　きっとすごく緊張していたんだね。わたしもあなたの立場だったらそうなっただろうと思います。そういうことはよくあるものよ。今日はもうそのことを考えるのはやめた方がいいよ。近いうちにごはんでもいっしょにどう？ 解答例⇨147ページ

Tipps

うまくいく　gut laufen

わたしも…そうなっただろう　es wäre mir genauso gegangen

ある　「起こる」ということですから vor|kommen

近いうちに　demnächst

ごはんでも…どう？　Lass uns ... essen gehen.

Szene 12

トラブルと苦情

57 ポーズ付　58

● 相手がミスをした場合、それを指摘して軌道修正をはかる必要があります。ドイツ語でどのように表現すればよいでしょうか。

Das Zimmer geht zur Straße hin? Aber wir haben doch ein Zimmer mit Gartenblick reserviert. Wir wollten auch hier im Stadtzentrum unsere Ruhe haben. Deshalb habe ich extra nach einem ruhigen Zimmer zum Garten gefragt. Sie haben auch schriftlich bestätigt, dass uns ein Gartenzimmer zur Verfügung steht. Hier ist Ihre Mail. Ein Zimmer direkt über einer Allee, das ist etwas anderes als das, was Sie uns angeboten haben.

スラッシュ入りテキスト⇨156ページ

Vokabeln

zur Straße hin　通りに面して

mit Gartenblick　庭の眺望つきの

unsere Ruhe haben　(外界に邪魔されずに)静かなときを過ごす

schriftlich　書面で(メールやメッセージなども含みます)

4格 bestätigen　～^{4}を承認する、(該当すると)認める

1格 steht 3格 zur Verfügung　人^{3}が～^{1}を自由に使える(直訳すると「～^{1}が人^{3}に自由に使ってもらえる状態にある」)

etwas anderes als das, was ...　～とはまったく別のもの

Step 1

①概要把握 ☐
②音声を聞いて黙読(1) ☐
③深い理解 ☐
④音声を聞いて黙読(2) ☐

Step 2

⑤リピート ☐
⑥オーバーラッピング ☐
⑦音読 ☐

※詳細は5～6ページを参照

訳

通りに面した部屋なんですか？　でも私たちは庭を眺められる部屋を予約したんですが。町の中心でも静かなときを楽しみたいと思ったんです。だからあのとき特に静かな庭側の部屋はありませんかってお訊ねしたんです。庭側の部屋に泊まれるというお返事も書面でいただいています。これがそのメールです。大通りに面した部屋なんて、予約のときに提示してくれたものとはちがうじゃありませんか。

Mini-Info　doch

学生の頃、「dochが使えるようになったらドイツ語も一人前だぞ」と先生から言われたものです。心態詞のdochはコミュニケーションにとって重要で、特に苦情を述べたり相手に反論したりするときなどには欠かせません。

Wir haben doch ein Zimmer mit Gartenblick reserviert. では、dochは「(相手も知っているはずの)自分の期待とちがう」ことを伝え、それがこのセリフの不満、苦情という役割を補強しています。

dochは「期待とちがう」ことに気づいた話し手の心情を表しますので、驚きを伝えることもあります。Das kann doch nicht wahr sein!(ありえない！)は、文脈によって相手への苦情や反論にも、驚きの表現にもなります。

59

期待と現実の相違

doch　自分の期待とちがうという話し手の不満を伝えます。

Wir waren doch heute Nachmittag verabredet. ①
今日の午後に約束していたよね。

※番号がついた例文は表現練習で使います。

leider　残念ながら

Leider war das Personal sehr unhöflich.
残念なことに従業員の方々がとても失礼でした。

in Wirklichkeit　実際には

In Wirklichkeit war das Zimmer klein und dunkel.
実際には部屋は狭くて暗いところでした。

nicht 3格 entsprechen　～^{3}に一致しない

Die Einrichtung entsprach nicht den Angaben im Internet.
（部屋などの）設備はインターネットでの説明とちがっていました。

wollte(n)　～するつもりだった／～だったらいいと考えていた
「実際にはちがっていた」ということが含まれます。

Wir wollten ein ruhiges Zimmer bekommen.
静かな部屋にしていただきたかったのですが。

不満

unzufrieden sein　不満だ

Ich bin damit sehr unzufrieden.
私はその点にとても不満を感じています。

unmöglich　ありえない

Ich finde, so etwas ist unmöglich.
そんなこと、ありえないと思います。

enttäuscht sein　がっかりした

Wir waren davon enttäuscht, wie wir behandelt wurden.
私たちへの対応にがっかりしました。

相互の理解

自分の状況について相手に理解を求めたり、逆に相手に理解を示したりする表現です。

sich⁴ vor|stellen　想像する、理解する

Sie können sich sicher vorstellen, wie unzufrieden ich bin.
私がどんなに不満に思っているか、あなたもおわかりでしょう。

4格 missverstehen　～⁴を誤解する

Vielleicht haben wir uns missverstanden.
お互いに誤解していたのかもしれません。

sicher sein　確信している

Ich bin sicher, dass Sie uns aus Versehen einen Tisch auf der Terrasse gegeben haben.
うっかりテラス席にしてくださったのだと思います。

修正の提案

einen anderen Termin finden　（用事のための）別の日程を見つける

Lass uns schnell einen anderen Termin finden.　②
急いで別の日を見つけようよ。

eine Alternative　代替のもの

Gibt es eine Alternative?
代替のものはありますか？

etwas anderes　何かほかのもの

Können Sie uns etwas anderes anbieten?
何かほかのものを提供できますか？（ほかのものはありますか？）

表現練習

60

Aの役になり、例文①、②を使って会話をしましょう。

A：①

B：War das denn nicht morgen Nachmittag?　Ich schau mal nach... Oh, nein, es tut mir leid!

A：Schon gut. ②

B：Du hast die Wahl. Kannst du mir einen Termin vorschlagen?

日本語訳⇨152ページ

Sie sind dran

61

アポイントメントをとって急ぎの用事で訪ねたら肝心の相手は外出中。日本語を参考に、学習した表現を応用してメールを作文しましょう。

今日の午前中に、お約束していた通りにお訪ねしましたが、いらっしゃいませんでした。どうもお互いに思いちがいをしていたようです。急ぎ新しい日程を決めさせていただけますか。明日の午後はお時間おありでしょうか？　ご都合が悪い場合には、私は明後日の午前中でもだいじょうぶです。どちらの日程がよいかお知らせください。

解答例⇨148ページ

Tipps

お約束していた通りに　wie abgesprochen 「複数の人間で取り決める」という意味で absprechenまたはabmachenが適しています。vereinbarenでもよいでしょう。

いらっしゃいませんでした　nicht da sein

どうも　offensichtlichまたはwohl

急ぎ新しい日程を決めさせていただけますか　können wirを用いた疑問文で提案する形がよいでしょう。「約束の日程を決める」はeinen Termin vereinbaren

ご都合が悪い場合には　sonst（そうでない場合には）

私（の都合）はだいじょうぶ　es geht bei mir

（都合が）よい　「ふたつの可能性のうちどちらの方がよいか」ということなので、besser passen

Szene 13

謝罪

62 ポーズ付　63

● 意図しようとしまいと人間はときに相手に不利益や不快な思いなどを与えてしまうことがあります。ドイツ語にはどのような謝りの表現があるでしょうか。

Du hast mir doch die CD mit Weihnachtsliedern geliehen. Die Musik hat mir sehr gut gefallen, und ich habe alle Stücke auf meinen PC kopiert. Dabei habe ich aber aus Versehen Kaffee auf die Hülle verschüttet. Es tut mir furchtbar leid! Ich hätte den Kaffeebecher woanders hinstellen sollen. Die Hülle konnte ich schnell retten, aber das Booklet hat nun einen Fleck bekommen. Wie kann ich das wiedergutmachen? Darf ich dir eine neue CD kaufen?

スラッシュ入りテキスト⇨157ページ

Vokabeln

doch　～したじゃない(相手にとって既知のことで、それをあらためて思い出してほしいという話し手の態度を示します)

4格 leihen　～⁴を貸す

4格 (auf 4格) verschütten　～⁴を(～⁴の上に)こぼす

furchtbar　ひどく、ものすごく(程度が強いことを表す副詞)

woanders　どこか別のところに

4格 hin|stellen　～⁴を置く

4格 retten　～⁴を救い出す

der Fleck　しみ

das wiedergut|machen　そのことを埋め合わせる(dasは前文の内容を指しています)

3格 4格 kaufen　人³にあげるために～⁴を買う

Step 1

①概要把握 □
②音声を聞いて黙読(1) □
③深い理解 □
④音声を聞いて黙読(2) □

Step 2

⑤リピート □
⑥オーバーラッピング □
⑦音読 □

※詳細は5～6ページを参照

訳

クリスマスソングのCDを貸してくれたよね。あの音楽、とっても気に入って、全曲パソコンにコピーしました。ただそのときうっかりしてコーヒーをCDケースにこぼしてしまったんです。ほんとうにごめん！　コーヒーカップをどこか別のところに置くべきだったのに。ケースはさっと救えたんだけれど、ブックレットには一箇所シミができてしまいました。どうやって弁償したらいいかな。新しいCDを買って渡してもいいですか？

Mini-Info　**ついうっかり**

人に迷惑をかけるのはたいてい「ついうっかり」、ドイツ語ではaus Versehenと言います。「知らないうちに」ということならohne das zu merkenでもよいでしょう。

Ich habe dir aus Versehen etwas Falsches gesagt.
知らずにあなたにまちがったことを話して聞かせていた。

逆に「意図して」はmit Absichtまたはbewusstで表します。

Ich habe mit Absicht gelogen.
私はわざと嘘をついた。

64

謝罪

Entschuldigung.　すみません。ごめんなさい。

脇見をしていて人にぶつかった、というような軽微なミスのときに使われる決まり文句です。深刻なミスの場合は避けたほうがよいでしょう。

Verzeihung.

Entschuldigungと同じニュアンスですが、使われる頻度が低いこともあり、少し特別で丁寧な感じがします。

Ich möchte Sie/dich um Verzeihung / Entschuldigung bitten.
許していただけますか？／許してくれる？

Entschuldigen Sie. / Entschuldige.

entschuldigen「(～の罪を）許す」という動詞の命令形で、相手がSieかduかによって使い分けます。どんな相手にも使える名詞形Entschuldigungより「相手に即した」謝罪だという印象になります。

Entschuldigen Sie 4格 / Entschuldige 4格　～^{4}して申し訳ない

自分の失敗を４格目的語やdass文で添えると、謝罪が具体的で真摯な印象になります。

Entschuldige, dass ich den Termin vergessen habe.
約束を忘れちゃってごめんなさい。

sich^{4} (bei 3格) entschuldigen　（人^{3}に対して）お詫びをする

Ich möchte mich (bei Ihnen/dir) aufrichtig entschuldigen.
（あなたに）心からお詫びしたいと思います。

3格（4格）vergeben　人^{3}（がした～^{4}）を許す

Können Sie / Kannst du mir vergeben?
許してもらえますか？

... tut mir / uns leid　申し訳なく思う

相手に生じた不快や損害などが話し手自身にLeid（心苦しさ）を感じさせるという動詞です。「お気の毒です」という意味で自分の失敗ではないことについても使います。

Es tut mir sehr leid.　誠に申し訳ありません。①

※番号がついた例文は表現練習で使います。

ミスを認める

言い訳は相手の不快と不信を招くだけ、というのは日本語でのコミュニケーションと同じです。ミスをしたならそれを潔く認めるのが許してもらうための近道です。

4格 falsch verstehen　人^{4}の言ったことを誤解する

Ich habe Sie falsch verstanden.

あなたのおっしゃることを誤解していました。

4格 missverstehen　人^{4}の言ったことを誤解する。falsch verstehen と同じ意味です。

Ich habe dich missverstanden. ②

あなたを誤解していました。

der Fehler　ミス、失敗

Das war mein Fehler.

私の失敗でした。

sich^4 irren　思いちがいをする

Ich habe mich geirrt.

思いちがいをしていました。

4格 mit 3格 verwechseln　～^{4}を～^{3}と取りちがえる

Ich habe Sie mit Ihrem Kollegen verwechselt.

誤ってあなたとあなたの同僚の方を取りちがえてしまいました。

後悔

接続法第２式

こんな失敗、すべきではなかったのに（実際にはしてしまった）と、現実とは異なる帰結を述べるには、接続法第２式を使います。

So ein Fehler hätte nicht vorkommen dürfen.

こんな失敗が起こってはならなかったのですが。

Ich hätte so ein Versehen vermeiden sollen.

このようなうっかりミスは避けなければならなかったのですが。

埋め合わせ・改善

4格 wiedergut|machen　～^{4}を埋め合わせる、弁償する

Kann ich es irgendwie wiedergutmachen?
どうにかしてその埋め合わせをすることはできるでしょうか？

3格 4格 versprechen　人^{3}に対して～^{4}を約束する

So etwas wird nie wieder vorkommen. Das verspreche ich dir.
こんなこと、二度としないよ、約束する。

許し

許しの表現もまとめておきましょう。

Ist schon okay.	大丈夫、気にしないで。
Ist schon vergessen.	何のことだっけ（もう忘れてしまった）。
(Das ist) kein Problem.	問題ありません。
Das macht nichts.	問題ありません。
Das ist nicht so schlimm.	そんなにひどくはありません。
Ist schon in Ordnung.	だいじょうぶですよ。
Das kann doch mal vorkommen.	そうißことも ありますよ。

表現練習

65

相手の発言に気分を悪くしましたが早とちりだったようです。Bの役になり、例文①、②を使って謝りましょう。

A：Ich habe das nicht als Kritik gemeint, sondern als Vorschlag.

B：① ② Ich war gleich zu emotional.

A：Kein Problem. Lass uns Kaffee trinken und weiter plaudern.

日本語訳⇨153ページ

Sie sind dran

ドイツ語の先生に作文添削をお願いしてアポイントメントをとっていたのにすっかり忘れて別の用事を入れてしまい、先生を怒らせてしまいました。まずはメールで謝りましょう。

66

ブラウン先生
ほんとうに申し訳ありませんでした。お忙しいなか時間を作っていただいたのに、うっかりして先生とのお約束を忘れてしまっていました。私の不注意のせいです。もう一度機会を与えていただけないでしょうか。次回はこのようなことのないように気をつけます。

解答例⇨148ページ

Tipps

お忙しいなか　ドイツ語では「特に私のために」extra für michなどとするとしっくりします。

時間を作る　sich³ Zeit nehmen

約束　相手と同意したアポイントメントのことなのでder Terminを用います。

機会を与える　eine Gelegenheit geben

次回は　nächstes Mal

このようなことのないように気をつけます　so ein Fehler wird nicht vorkommen
話し手の意思を表すwerdenを使い、「このようなミスが生じないようにします」と表現します。

Szene 14

依頼

67 ポーズ付　68

●口頭で、またメッセージやメール、手紙などの書面で、私たちは毎日のように人に何らかの頼みごとをしています。

Heute möchte ich dich um etwas bitten. Ich werde vom 25. März bis zum 12. April verreisen. Kannst du da vielleicht ab und zu mal bei mir vorbeischauen und die Pflanzen gießen? Das wäre sehr nett. Meine Pflanzen sind, wie du weißt, pflegeleicht. Ein- oder zweimal in der Woche, das genügt. Kannst du vielleicht diese wichtige Aufgabe übernehmen? Lass es mich bitte in ein paar Tagen wissen.

スラッシュ入りテキスト⇨157ページ

Vokabeln

4格 um 4格 bitten　人^{4}に～^{4}を頼む（umのあとにはetwas「何か」やVerständnis「理解」など特定の名詞かzu不定句がきます）

werde ... verreisen　旅行に出るつもりだ（werdenは未来形、「～するつもりだ」という未来の計画を表します）

mal　依頼の口調を和らげる働きをする心態詞

ab und zu　ときどき

bei 3格 vorbei|schauen　人^{3}のところに立ち寄る

die Pflanzen gießen　植物に水を遣る

Das wäre sehr nett.　そうしてくれたら嬉しいのだが（主語das が仮定、wäreはその帰結を表します）

das genügt　それで十分だ（dasは直前のein- oder zweimal in der Wocheを指します）

Step 1

① 概要把握 □
② 音声を聞いて黙読 (1) □
③ 深い理解 □
④ 音声を聞いて黙読 (2) □

Step 2

⑤ リピート □
⑥ オーバーラッピング □
⑦ 音読 □

※詳細は5～6ページを参照

訳

今日はちょっと頼みごとがあります。3月25日から4月12日まで旅行に出かけるのだけれど、ときどきうちに寄って植物に水をあげてくれませんか？　そうしてくれたらとてもありがたいのですが。私の植物の世話は、あなたも知ってのとおり、簡単です。週に1～2回水をやってくれたら充分です。この重大な任務を引き受けてもらえますか？　2、3日のうちに知らせてください。

Mini-Info **情報共有**

家族や親しい友人、しょっちゅう会っている仲間などのあいだでは、いろいろなことが共有されています。そうした相手とのコミュニケーションでは、相手にとって初めてのことと、相手も知っている（はず）のこととを分け、後者について述べるときには「あなたも知っていることだけれど」というシグナルを発します。このシグナルはwie du weißt / wie Sie wissenという副文の形をとることもありますが、特に話しことばでは心態詞 ja が使われます。Meine Pflanzen sind ja pflegeleicht. といった具合です。

69

命令文

日常的な依頼の場合には、命令文がよく使われます。

Hol mich bitte vom Bahnhof ab.
駅に迎えに来て。

Lass bitte bald von dir hören.
近いうちに近況知らせてね。

Geben Sie uns bitte kurz Bescheid, wenn Sie diese Mail erhalten haben.
このメールを受け取られたら簡単にお知らせください。

丁寧に依頼を切り出す

依頼の前に、まずはそれを切り出すセリフが必要なこともままあります。ドイツ語では次のように言うことができます。

Ich möchte dich/Sie um etwas bitten. ①
ちょっと何かお願いしたいのですが。

Ich hätte eine Bitte an dich/Sie.
お願いごとがあるのですが。

※番号がついた例文は表現練習で使います。

können を使った疑問文

「～してもらえますか？」と疑問文の形で依頼を表すことができます。

Kannst du kurz das Gerät halten?
ちょっとこの器具持っていてくれる？

Können Sie bitte den Koffer aufs Zimmer tragen?
スーツケースを部屋まで運んでいただけますか？

接続法第２式の疑問文

「～していただけますでしょうか？」と遠慮がちに表現するなら接続法第２式を使います。vielleichtを添えると、相手が依頼に応えてくれることを前提とはしていないというスタンスが伝わり、より丁寧に響きます。

Könntest du vielleicht meine Katze füttern, während ich weg bin? ②
留守のあいだひょっとして猫に餌を遣ってもらえるかなあ。

Würden Sie vielleicht bis nächste Woche warten?
来週までお待ちいただけますでしょうか？

Könnten Sie mir bitte eine kurze Rückmeldung schicken?
簡単なお返事をお送りいただけますでしょうか？

依頼に応えてもらえたら…

応えてもらえたらありがたいのだが、嬉しいのだが、ということは接続法第２式を使って表現します。

Ich wäre Ihnen für eine Rückmeldung dankbar.
お返事いただけましたらありがたく存じます。

Ich würde mich über Ihre Einschätzung freuen.
ご判断をお知らせいただけましたら嬉しく存じます。

Ich würde mich über eine positive Antwort freuen.
よいお返事をいただけたら嬉しいです。

こうした表現ではfür eine Rückmeldung、über Ihre Einschätzungという前置詞句が、「～していただけたら」という仮定を表しています。

依頼に応える

依頼への応答についても見ておきましょう。

Aber gerne!
もちろん喜んで。

Kein Problem. Das mache ich gerne.
わかりました。喜んでやります。

書き言葉では動詞nach|kommen（相手の望みや依頼に応える）を使うこともあり、少し改まった印象になります。nachkommenは3格目的語をとります。

Natürlich komme ich deinem Wunsch nach.
もちろんあなたが望む通りにします。

Ihrer Bitte komme ich selbstverständlich gerne nach.
あなたからのご依頼、もちろん喜んでお引き受けします。

依頼を断る

Leider kann ich die Aufgabe nicht übernehmen.
残念ながらその仕事をお引き受けすることはできません。

Leider kann ich Ihrer Bitte nicht nachkommen.
残念ながらご依頼にお応えすることができません。

「Szene 05　誘いを断る」の章で紹介している表現も参考にしてください。

表現練習

70

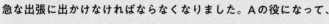

急な出張に出かけなければならなくなりました。Aの役になって、例文①、②を使い、友だちに猫の餌やりをお願いしましょう。

A：①　②

B：Es tut mir leid. Ich bin allergisch gegen Katzen.

A：Ach so. Da kann man nichts machen. Gut, ich frage mal Denis.

B：Es tut mir furchtbar leid.

日本語訳⇨153ページ

Sie sind dran

必要なメールをうっかり削除してしまったようです。学習した表現を応用して、メールを再送してくれるよう主催者に頼むメールを作文しましょう。

71

> 来月のシンポジウムのご案内のメールをありがとうございました。伺いたいと思っていますが、残念ながらうっかりメールを削除してしまったようです。そのメールを再度お送りいただけないでしょうか。労力に前もって感謝申し上げます。
>
> 解答例⇨148ページ

Tipps

シンポジウムのご案内のメール　die Mail mit der Information über das Symposium

シンポジウムも、その情報も、そしてそれが記されたメールも、すべて特定のものなので、定冠詞をつけます。

メールを削除する　die Mail löschen

ようです　推測の意味合いをもつwohlを加えます。

あなたの労力に前もって感謝する　Ihnen im Voraus für Ihre Mühe danken　日本語だと「お手数をおかけしますがどうぞよろしくお願いいたします」というところでしょうか。なおfür Ihre Mühe は動詞dankenとの結びつきが強いため、不定句でdankenの直前におかれます。

Szene 15

相談

72 ポーズ付　73

● 相談といっても重たい人生相談から今晩の献立などさほど深刻でないものまで、さまざま。ここではまず知識や経験豊かな相手にアドバイスを乞う相談を取り上げます。

Darf ich dich kurz stören? Momentan bin im Endspurt zum Umzug. Nun überlege ich mir gerade, in der neuen Wohnung umweltgerechteren Strom zu beziehen. Bislang bin ich einfach dem Anbieter meiner Eltern treu geblieben. Der Umzug ist eine gute Gelegenheit zu einer Änderung. Nur gibt es so viele Anbieter, und ich weiß nicht, welchen Anbieter ich wählen soll. Ich möchte nicht so einen, der für Solaranlagen die ganzen Wälder abholzt. Hast du einen Tipp? Worauf soll ich achten?

スラッシュ入りテキスト⇨157ページ

Vokabeln

4格 stören　人^{4}の邪魔をする

im Endspurt sein　ラストスパートに入っている

sich^3 4格 überlegen　～^{4}をじっくり考える

umweltgerecht　環境にやさしい(gerechtは「正しい、適正な」、前に名詞をつけて「～という観点から適正な」という意味の合成語になります)

3格 treu bleiben　人^{3}に忠実でいる

der Anbieter　ここではder Stromanbieter(電力供給会社)

die Gelegenheit zu 3格　～^{3}するための機会

so einen　うしろにAnbieterを補って考えます

die Solaranlage(-n)　ソーラー発電施設

die Wälder　der Wald(森)の複数、あちこちの森をイメージした表現です

4格 ab|holzen　木々を伐採する

Step 1

①概要把握 ☐
②音声を聞いて黙読(1) ☐
③深い理解 ☐
④音声を聞いて黙読(2) ☐

Step 2

⑤リピート ☐
⑥オーバーラッピング ☐
⑦音読 ☐

※詳細は5～6ページを参照

訳

ちょっといいかな？　いま引っ越しに向けてラストスパートなんだ。新居ではもう少し環境によい電気を使おうかなと考えています。これまでは両親が使っていた電力会社をずっと使っていたのだけど。引っ越しは変えるのにいい機会だと思うんだ。ただ電力会社ってたくさんありすぎて、どの会社を選んだらいいのかわかりません。ソーラー発電施設のために森をあちこちで伐採するような電力会社にはしたくなくて。何かアドバイスない？　何に注意したらいいかな？

worauf achten　何に注意するのか(woraufはauf wasに相当します)

Mini-Info　**環境**

「環境にやさしい」「環境に配慮した」、日本でも目にすることが多くなりました。ドイツ語にもいくつかの表現があります。以前はumweltfreundlichが使われていましたが、昨今では危機意識の高まりとともにumweltgerechtのほかklimaneutral(地球の気候に影響を与えない)、umweltschonend(環境に配慮した)などが用いられるようになっています。「リサイクル可能な」資材はwiederverwendbarと表現します。それに対して「使い捨ての」はEinweg-、これを名詞の前につけEinwegflascheなどの合成語を作ります。再生可能エネルギーはerneuerbare Energie(-n)です。

74

相談を切り出す

Darf ich dich / Sie kurz stören? ①
ちょっとお邪魔してもよいでしょうか？

Hast du etwas Zeit für mich?
ちょっと時間ある？

Ich habe ein Problem. ②
ちょっとトラブルを抱えています。

Ich brauche jetzt deine Hilfe.
ちょっとあなたの手助けが必要なんだけれど。

Ich habe Ärger mit dem Vermieter.
大家さんとトラブルになっています。

※番号がついた例文は表現練習で使います。

相談する

sollen

自分の行動について相手の判断を仰ぐときによく使われます。

Was soll ich da machen? ③
こんなとき、どうしたらいいでしょうか？

der Tipp　アドバイス、ヒント

Haben Sie einen guten Tipp für mich?
私になにかいいアドバイスはありますか？

der Rat　アドバイス、助言

Hast du einen guten Rat?
いいアドバイスはありますか？

Kannst du mir einen Rat geben?
アドバイスもらえるかな？

die Lösung　解決策

Kennt jemand eine gute Lösung?
いい解決策を知っている人はいますか？

an meiner Stelle

an meiner Stelle 「あなたが私だったら」という仮定を使い接続法第２式で次のように問うこともできます。

Was würdest du an meiner Stelle machen?
あなただったらどうしますか？

悩みや困りごと

よくありそうな困りごとを述べる表現を概観しましょう。

怪我や病気

Ich habe mir das Bein gebrochen.
脚を骨折した。

Ich habe mir den rechten Ringfinger verstaucht.
右の薬指を捻挫（突き指）してしまった。

Seit ein paar Tagen habe ich eine Erkältung.
数日前から風邪にかかっている。

Ich habe ein Problem mit der Verdauung.
ちょっと消化不良です。

トラブル

Ich hatte einen Unfall.
事故に遭ってしまいました。

Ich habe einen Unfall verursacht.
事故を起こしてしまいました。

Die Nachbarin / Der Nachbar macht Lärm.
隣人がうるさいんです。

Mit meinem Handy stimmt etwas nicht.
私のスマホ、どこか調子がおかしい。

Die Antwort, die eigentlich schon längst fällig ist, steht noch aus.
ほんとうだったらもうとっくに来てもいい返事がまだ来ていません。

不満

Meine Eltern behandeln mich wie ein Kind.
両親が私を子ども扱いします。

Mein Kollege / Meine Kollegin schiebt alle Verantwortung auf mich.
同僚が責任をすべて私に押しつけます。

Der Lehrer / Die Lehrerin bevorzugt andere Schüler.
先生がほかの生徒をひいきします。

表現練習

75

最近引っ越してきた隣人の女性がうるさくて困っています。Aの役になり、①、②、③を使い、また学習した表現を応用して、友だちに相談しましょう。

A：① ②

B：Was denn?

A：私たちのところに新しい隣人が越してきて(ein|ziehen)、彼女が毎晩大音量で音楽を流すんです。③

B：Oje, das ist nicht schön. Kannst du nicht mit ihr sprechen? Das wäre am besten. Sonst würde ich den Vermieter informieren.

解答例⇨148ページ／日本語訳⇨153ページ

Sie sind dran

トラブル発生！　学習した表現を応用して友だちに相談するメールを作文しましょう。

76

父の車でドライブに出かけたのだけれど、屋内駐車場で柱をこすって車に傷がついてしまったの！　どうしたらいいかなあ。このことを父に知られずに（車を）返したいんだけれど。私に何かいいアドバイスはある？

解答例⇨148ページ

Tipps

ドライブに出かける　eine Spazierfahrt machen

屋内駐車場　das Parkhaus（地下駐車場ならdie Tiefgarage）

柱　der Pfeiler　壁から独立して立っている柱のことを指します。

こする　streifen　4格 mit 3格とともに用いて「～3で～4をこする」と言います。意図せずうっかりこすってしまったという場合がほとんどですが、主語は人、ここではichです。

傷がつく　einen Kratzer haben / bekommen　das Autoが主語になります。

このことを知られずに　ohne dass er es merkt「父がこのことに気づかないままに」と表現します。

返す　zurück|geben　3格、4格の目的語をとります。

Szene 16

アドバイス

77 ポーズ付　78

● 困った状況にある友だちへのアドバイス、どのような表現が使われているでしょうか。

Du hast vor dem wichtigen Termin die Grippe? Du Arme! Zum Vorstellungsgespräch solltest du aber nicht gehen. Was, wenn du jemanden ansteckst? An deiner Stelle würde ich gleich die Firma anrufen und die Umstände erklären, natürlich mit einer Entschuldigung und der Bitte, den Termin zu verschieben. Ich weiß, wie wichtig die Stelle für dich ist. Bleib aber gerade deswegen ruhig zu Hause. Eine gute Firma berücksichtigt wohl deine Umstände und zeigt sicher Verständnis.

スラッシュ入りテキスト⇨157ページ

Vokabeln

Du hast ... die Grippe?　インフルエンザなんだって？（動詞定形が２番目におかれた平叙文の語順での疑問文は、「～なのだって？」と、答えのjaを期待して相手に確認するための表現です）

Du Arme!　かわいそうに！（Armeは形容詞arm「かわいそうな」の名詞化、女性１格形です。ここから対話の相手が女性であることがわかります。相手が男性の場合にはDu Armer!となります）

Was, wenn ...?　～だったらどうするの？

４格 (mit ３格) an|stecken　人^{4}に（病気^{3}を）うつす

die Umstände erklären　事情を説明する

４格 berücksichtigen　～^{4}を考慮する

Step 1

①概要把握 □
②音声を聞いて黙読(1) □
③深い理解 □
④音声を聞いて黙読(2) □

Step 2

⑤リピート □
⑥オーバーラッピング □
⑦音読 □

※詳細は5～6ページを参照

訳

大切なアポイントメントを控えてインフルエンザにかかってしまったんだって？　かわいそうに！

でも面接には行かない方がいいよ。だって人にうつしてしまったらどうする？　僕だったらすぐに会社に電話をして事情を説明するな、もちろん謝って、それからアポイントメントを延期してくださいとお願いする。その職が君にとってどんなに大切かはわかってる。でもだからこそ、うちにじっとしていなよ。いい会社なら事情を尊重してくれるだろうし、きっと理解を示してくれるよ。

Mini-Info **Grippe と Kreislauf**

ドイツ語で体調のことを話していると、病名や症状の意味する範囲があいまいだったり日本語とずれているように感じることがあります。たとえばGrippe。元来は「インフルエンザ」を意味しますが、「風邪」の意味で使われることもままあります。なお「風邪」はeine Erkältung habenと不定冠詞、「インフルエンザ」の方はdie Grippe habenと定冠詞をつけることが多いです。

それからKreislauf（血液の循環、循環器）。少し早足で歩くと肩で息をしてAch, mein Kreislauf! とため息をつく人がときどきいます。日本語なら「息切れしちゃう」などというところです。日本語では息切れという現象の方に焦点をあてて言うのに対して、ドイツ語では肺、心臓、動脈といった循環器の方を挙げるのですね。

79

アドバイス

命令形

親しい間柄の相手や気軽な相談内容であれば、命令形でアドバイスできます。

Hört dein Kind nicht auf dich? Warte eine Weile ab.
お子さんがあなたの言うことを聞かないの？　しばらく待ってごらんなさいよ。

sollte　～するとよい

sollenの接続法第２式です。besserと組み合わせて「～した方がよい」、am besten とともに「～するのがいちばんよい」ということもあります。

Du solltest eine feste Tagesstruktur schaffen und deine Arbeitszeit begrenzen.　①
一日の流れをしっかり決めて勤務時間を限定した方がいいよ。

※番号がついた例文は表現練習で使います。

können / könnte

können（～できる）やその接続法第２式könnte（～できるかもしれません）を使うと、解決策を提案する表現になります。

Möchten Sie im Japanischen weiter vorankommen?　Sie können ein Sprachtandem versuchen.
日本語もっと上達したいとお思いですか？（お互いの母語を教え合う）タンデムを試してみるのもいいかもしれません。

Du könntest Tagesziele festlegen.　②
その日の目標を決めるといいかもしれないよ。

Wie wäre es mit ...?　～してはどうだろうか？

何かに誘うときによく使う表現ですが、相手へのアドバイスにもなりえます。

Sie möchten nur telefonieren und mailen?　Wie wäre es dann mit einem einfachen Handy?
電話とメールだけなさりたいんですか？　だったらシンプルなスマホはどうでしょうか？

an deiner/Ihrer Stelle　私があなただったら

押しつけがましさを避けながらアドバイスをしたいときに使います。

An deiner Stelle würde ich an etwas anderes denken.
私だったら何かほかのことを考えると思うな。

表現練習

80

Bの役になり、在宅勤務のストレスを抱える友だちに例文①、②を使って、アドバイスをしましょう。

A：Jetzt fühle ich mich erschöpft. Die Arbeit hat kein Ende und ich muss mehr als 12 Stunden am PC schuften.

B：①

A：Meine Arbeitszeit begrenzen ... Aber wie kann ich das schaffen?

B：②

A：Gut. Ich versuch's.

日本語訳⇨153ページ

Sie sind dran

81

学習した表現を応用して､友人にアドバイスのメールを書きましょう。

散歩にはいい季節なのに犬が散歩に行きたがらないの？　心配だね。足を見てみた？　ひょっとしたらどこか怪我をしたのかもしれない。念のために獣医に行った方がいいと思う。

解答例⇨148ページ

Tipps

いい季節なのに　in der schönen Jahreszeit

(犬が) 散歩に行く　Gassi gehen

心配だね　「あなたはきっと心配するね」。「心配する」はsich^{3} Sorgen machen

足　犬や猫などの足はdie Pfote(-n)

怪我をする　sich^{4} verletzen

念のために　vorsichtshalber

Szene 17

評価する・批判する

82 ポーズ付　83

● 観た映画のこと、相手の服装など、適切な表現で評価できるようになるとコミュニケーションが豊かになります。

Den Flyer zu eurem neuen Kunstcafé habe ich erhalten. Vielen Dank! Ihr wollt ja das Café zu einem Ort machen, in dem sich die Menschen begegnen und ihre Ideen entfalten können. Dieses Konzept vermittelt der Flyer sehr gut. Ich vermisse nur ein bisschen Hintergrundinformationen. Warum wolltet ihr das Café eröffnen? Was für eine Vorgeschichte gibt es? Solche Sachen.
Die Gestaltung des Flyers hat mir gut gefallen. Man hat schnell einen Überblick. Die Farben und die Schriftarten passen mit dem Inhalt gut zusammen. Insgesamt finde ich den Flyer gelungen.

スラッシュ入りテキスト⇨158ページ

Vokabeln

der Flyer　ちらし、フライヤー
sich^3 begegnen　互いに出会う
4格 entfalten　～^{4}を展開する、発展させる
4格 vermitteln　～^{4}を伝達する（文頭のdieses Konzeptが4格目的語、der Flyerが主語です）
4格 vermissen　～^{4}がなくて残念に思う、あるとよいと願う
Hintergrundinformation　背景情報（der Hintergrundとdie Informationからなる合成語）
einen Überblick haben　全体を見渡せる（der Überblickは「全貌、概観」）
mit 3格 zusammen|passen　～^{3}と調和している
gelungen　成功した（< gelingen　成功する）

Step 1

①概要把握 □
②音声を聞いて黙読(1) □
③深い理解 □
④音声を聞いて黙読(2) □

Step 2

⑤リピート □
⑥オーバーラッピング □
⑦音読 □

※詳細は5～6ページを参照

訳

あなたたちのアートカフェのチラシが届きました。ありがとう！ あなたたちはカフェを、人々が出会ったりアイディアを育てたりできる場所にしたいのよね。そのコンセプトをチラシはとてもよく伝えていると思います。ただカフェの背景情報がもう少しあるといいかな。どうしてカフェを開きたいと思ったのかとか、どんな前史があるのかとか、そんなことです。

チラシのレイアウト、気に入りました。ぱっと見て全体がわかりますね。色とフォントも内容とよく合っています。全体としてうまくできていると思います。

Mini-Info **コミュニケーションの印象を左右する要素**

書面の印象を左右する要素にはGestaltung(レイアウト)、Schriftart(フォント)、Schriftgröße(フォントサイズ)やFarbe(色)などがあります。文章の内容や言葉づかいももちろん重要ですが、これら視覚的要素も大きな役割を担っています。

話しことばでは、Lautstärke(声の大きさ)、Stimmlage(声の高さ)、Ton(声の調子)が、話す内容を相手がどう受け取るか、その印象を左右する要素です。Mimik(表情)やGestik(身ぶり)なども加わります。こうした要素は、個性もありますが、社会的に学習する部分も大きいようです。たとえばドイツ人女性の話し声は2000年頃には男性より１オクターブ高かったのが、現在ではその差は５度程度にまで縮まっており、これは女性の役割や自己認識が変わってきたためと考えられています。

84

評価を訊ねる

Wie findest du / finden Sie 4格?　～[4]をどう思いますか？

Wie findest du meinen Vorschlag?
私の提案、どう思う？

Was hältst du / halten Sie von 3格?　～[3]をどう考えますか？

Kennst du die neue Übersetzungssoftware Multi?
Was hältst du davon?
新しい自動翻訳ソフトのマルチ、使ったことある？　どう思う？

Wie gefällt dir / Ihnen ...?　～[1]はどのくらい気に入りましたか？

Wie gefällt es Ihnen hier in unserer Gegend?
このあたりはお気に召しましたか？

評価する

評価に多く使われるのは形容詞です。形容詞の意味によって肯定の評価になったり否定的評価になったりします。

sein 形容詞　... だ

Die Idee war gut, aber die Umsetzung ist etwas problematisch.
アイディアはよかったけれど、現実の形はちょっと問題があるね。

4格 形容詞 finden　～[4]を ... だと思う

Ich finde den Flyer gut gelungen.
フライヤーはうまくできていると思う。

Die Handlung des Films finde ich nicht überzeugend.
この映画の筋には説得力がないと思う。

4格 für 形容詞 halten　～^{4}を…だと考える

Ich halte die Methode für überzeugend.
その方法は説得力があると考えます。

ほめる

3格 gefallen　人^{3}に気に入られる

Die Gestaltung hat mir gut gefallen.
デザインが気に入りました。

3格 stehen　人^{3}に似合う

Die helle Farbe steht dir wirklich gut.
その明るい色があなたにほんとに似合ってる。

gelingen　成功する

Der Roman ist gelungen.
この小説は成功している。

gut laufen　うまくいく

Die Diskussion ist gut gelaufen.
議論はうまくいった。

3格 4格 empfehlen　人^{3}に～を勧める

Den Film kann ich nur empfehlen.
この映画、ほんとうにおすすめです。

批判する

fehl|schlagen　失敗である

Die Aufführung ist fehlgeschlagen.
その公演は失敗だった。

4格 vermissen　〜[4]がないのを残念に思う

Ich vermisse nur ein bisschen Hintergrundinformationen.
ただ、背景情報が少しあったらよいのにと思います。

fehlen　〜が欠けている

Da fehlt gerade die Pointe.
オチがない。

建設的な評価

否定的に批判するだけでなく、よい点を指摘したり改善案を示したりすることも大切です。zwar ..., aber ...（たしかに〜だが…）などを使うと、否定的な面と肯定的な面を対比的に述べることができます。

Das Spiel ist zwar zu kompliziert, die Idee aber zukunftsweisend.
そのゲームはたしかに複雑すぎますが、アイディアには将来性があります。

表現練習

85

Bの役になり、学習した表現を参考に、家族の新しい服の批評をしましょう。

A：Wie findest du meine neue Jacke?

B：色は似合ってる。でもあなたにはちょっと細身（zu eng）すぎるんじゃない？

A：Nee, ich finde, die passt mir genau.

解答例⇨148ページ／日本語訳⇨153ページ

Sie sind dran

貸してくれた本の感想を友だちに伝えるメールを、学習した表現を応用して書きましょう。

86

貸してくれた本、読みました。ありがとう。話自体は、あなたのお勧めのとおり、おもしろいと思いました。ただちょっと話に入り込めなかったな、思わせぶりな描写が多くて気が散ってしまう。それから人物がステレオタイプっぽいかな。でもストーリーのテンポはいいね。

解答例⇨149ページ

Tipps

話自体　die Geschichte　文頭におくことで文のテーマとします。

勧める　empfehlenを使い、目的語sie（=die Geschichte）mirを補います。

ただ　nur　文頭におきます。

話に入り込む　sich⁴ in die Geschichte vertiefen

思わせぶりな描写　間接的にほのめかすことはan|spielen、その名詞形die Anspielung(-en)を用います。

気が散る　「思わせぶりな描写が人の気を散らせる」と考え、einen ab|lenkenを用います。

登場人物　die Figur(-en)

ステレオタイプの　stereotyp

ストーリー　die Geschichte

Szene 18

意見と議論

87 ポーズ付　88

●「議論」というと何か特別なことと考えてしまいますが、ドイツ語のdiskutierenはもっと広く日常的に、あるテーマをめぐって意見や提案などを交わしたり検討したりすることを言います。次の例は自家用車をめぐる夫婦の議論です。夫の意見を聞きましょう。

Ich bin der Meinung, dass wir das Auto abschaffen sollten. Autos belasten ja durch Abgase die Umwelt. Außerdem sind die Unterhaltskosten sehr hoch. Dabei benutzen wir unser Auto nur am Wochenende und ein paar Tage in den Ferien. Ohne Auto kann man hier in der Stadt problemlos leben, davon bin ich überzeugt. Wenn wir mal ein Auto brauchen, können wir eins mieten. Was meinst du?

スラッシュ入りテキスト⇨158ページ

Vokabeln

das Auto ab|schaffen　自動車をやめる

sollte(n)　ある行為が望ましいという話し手の判断を表します。

4格 belasten　～^{4}に負荷をかける、悪影響を与える

das Abgas　排ガス(たいてい複数形で使います)

die Unterhaltskosten　維持費

dabei　先行する文から期待される情報と反することを導く副詞です。dabeiで始まる文は、従属接続詞obwohl(～であるのに)で始まる副文とほぼ同義です。ただしdabei文の方が、先行する文への補足という性格が強くなります。

ohne 4格 aus|kommen (können)　～^{4}なしですませる(すませられる)

von 3格 überzeugt sein　～^{3}について確信している

Step 1

①概要把握 □
②音声を聞いて黙読(1) □
③深い理解 □
④音声を聞いて黙読(2) □

Step 2

⑤リピート □
⑥オーバーラッピング □
⑦音読 □

※詳細は5～6ページを参照

訳

自動車はやめるべきだと思うな。車は排ガスで環境に悪影響を与えるからね。それに維持費だって高いよ。週末と休暇の数日しか使わないのに。車がなくても町なかでは問題なく暮らせる、そう確信してるよ。車が必要になったら借りればいい。どう思う？

Mini-Info **Stellungnahme**

あることについて意見を表明する場合、どのような論の組み立てだとよいのでしょうか。ドイツ語では(そして最近では日本語でも)次の順番で述べるとよいとされています。

1．(問題の所在を確認し)自分の意見を述べる

2．論拠

3．(論拠からの結論として)意見を述べる

このような結論先行型は、皆が忙しくて情報のあふれる現代に合った定番の形ですが、内容やコミュニケーションの場面に合った展開を考えることも大切だと思います。

89

意見を述べる

Ich denke / glaube / finde, dass ... …だと思います、考えます

Ich denke / glaube / finde, ... 思うに…

denken, glauben, finden は、さほど区別せずに使われることもありますが、微妙なニュアンスのちがいがあります。denkenは「論理的思考力を働かせて考える」、glaubenは「直感的に思う」、findenには「感覚的に思う、評価する」というニュアンスがあります。「思う」内容は従属接続詞dassに続く副文で表されますが、独立した主文として述べられることもあります。

Ich finde, die Autos belasten die Umwelt.
思うに、車は環境に悪影響を与えているよ。

Ich bin der Meinung, dass ... …だと考えます

meiner Meinung / Ansicht nach ... 私の考えでは…

Ich bin mir sicher, dass ... …だと確信しています

Ich bin davon überzeugt, dass ... …だと確信しています

Ich bin davon überzeugt, dass wir gemeinsam ein höheres Ziel erreichen können.
私たちは力を合わせたらより高い目標を達成できるだろうと、私は確信しています。

相手に意見を尋ねる

Was meinen Sie / meinst du dazu? これについてどう思いますか？

Was halten Sie / hältst du von 3格? ～[3]についてどう考えますか？

Was hältst du von der Idee?
このアイディア、どう思う？

相手の意見・提案への反応

確認

Habe ich Sie / dich richtig verstanden?
あなたの言ったことを正しく理解しているでしょうか？

Haben Sie /Hast du gesagt, dass ...?
～とおっしゃったんですか？

賛成

Das finde / glaube / denke ich auch.	私もそう思います。
Das stimmt.	そのとおりです。
Da haben Sie / hast du recht.	あなたのおっしゃるとおりです。
Ich bin auch Ihrer / deiner Meinung.	私もあなたと同じ考えです。

疑義

Vielleicht haben Sie / hast du recht, aber ...
ひょっとしたらあなたが正しいのかもしれませんが…

Das mag richtig sein, aber ...
それはそうかもしれませんが、でも…

Da bin ich mir nicht so sicher. ①
それについて私は確信がもてません。

Sind Sie / Bist du sicher?
確かですか？

※番号がついた例文は表現練習で使います。

反対

Da bin ich ganz anderer Meinung / Ansicht. ②
私はまったくちがう考えです。

Dem kann ich nicht zustimmen.
私には賛成できません。

Ich sehe das anders.
私はそれについてちがう見方をしています。

議論のコントロール

Einen Moment, bitte!
ちょっと待ってください。

Können wir kurz eine Pause machen?
ちょっと休憩をとりませんか？

Darf ich kurz einhaken?
ちょっと口をはさんでよいでしょうか？

Darf ich Sie / dich hier unterbrechen?
お話し中すみませんがちょっとよいでしょうか？

Ich möchte auf die erste Frage zurückkommen.
最初の問題／質問に戻りたいのですが。

結論

Wir sind zum Ergebnis gekommen, dass ...
...という結論になりました。

Abschließend können wir sagen, dass ...
最後に...と言えるでしょう。

表現練習

Bの役になり、例文①、②を使って、子どものスマホ利用について議論しましょう。

A：Jetzt dürfen die Kinder ihr Handy in die Schule mitnehmen. Unglaublich! Das führt zu einer Katastrophe.

B：② Die Kinder wachsen ja mit dem Handy auf, und sie müssen lernen, wie man am besten mit dem Gerät umgeht.

A：Das mag richtig sein, aber sie konzentrieren sich nicht mehr aufs Lernen.

B：① Es kommt darauf an, denke ich.

日本語訳⇨153ページ

Sie sind dran

冒頭の夫婦の議論のつづきです。「車なしでも十分やっていけるから車を廃止しよう」という夫の意見に対して、妻の意見を述べましょう。

91

その点、私は確信がもてないな。車なしでどうやって重たい水のケースをうちまで運んだらいいのよ？　それに田舎の私の両親のところには、列車やバスじゃ行くのは難しいし。でも環境やコストについてはあなたの言うとおりね。いちばんいい解決法は何か、もう少しよく考えようか。

解答例⇨149ページ

Tipps

ケース　die Kiste（木材やプラスチックなど硬い素材で作られた箱型のケース）

どうやって…運んだらいいのよ？　「どうやって…運ぶことができるだろうか？」と考えましょう。

田舎の私の両親のところに　zu meinen Eltern aufs Land　「両親」も「田舎」も行き先になります。

行くのは難しい　nur schwer fahren können　「ただ難しくしか行かれない」と、schwerを副詞的に用いているのがポイント。

…については　was 4格 betrifft

いちばんいい解決法　die beste Lösung

もう少しよく考えようか　「よく考える」はüberlegen、「もう少し」は「これから先も」ということなのでnoch weiter。

第2部 **Thema 01**

大晦日の恒例行事

92 ポーズ付　93

● クリスマスからお正月にかけては恒例行事の多い時期です。ドイツでは大晦日にどのようなことをするのでしょうか。

① 大晦日の恒例行事（前半）

Haben Sie besondere Gewohnheiten für Silvester? In Deutschland gehören nicht nur Sekt, Feuerwerk und Partys zu Silvester. An diesem Tag schauen Millionen von Menschen dasselbe kurze Drama im Fernsehen: *Dinner for One*. Miss Sophie feiert ihren 90. (neunzigsten) Geburtstag mit ihren vier Freunden, die allerdings schon tot sind. Ihr Butler James muss nicht nur Getränke und Gerichte servieren, er muss auch vier Herren nachahmen und mehrmals ihre Gläser austrinken.

スラッシュ入りテキスト⇨158ページ

Vokabeln

die Gewohnheit, -en　個人の習慣、集団の伝統や風習

gehören zu Silvester　大晦日には欠かせない（gehören zu 3格は「～^{3}に属する、～^{3}の一部である」）

nicht nur　～だけではなく（sondern auch ...「～も」と組み合わせて使われることの多い表現ですが、ここではsondern auch ... は省略されています）

an diesem Tag　この日（ここでは大晦日のことを指しています）

Millionen von Menschen　何百万もの人々が

dasselbe kurze Drama　同じショートドラマ（dasselbe「同じ」は冠詞類。das- という前半分は定冠詞と同形、-selbe の語尾 -e/-en は形容詞の語尾変化になります）

im Fernsehen　テレビで

4格 feiern　～^{4}を祝う（自動詞としても用いられます。他動詞のときはGeburtstagのほか

Step 1

①概要把握 □
②音声を聞いて黙読(1) □
③深い理解 □
④音声を聞いて黙読(2) □

Step 2

⑤リピート □
⑥オーバーラッピング □
⑦音読 □

※詳細は５～６ページを参照

訳

あなたには大晦日の特別な習慣がありますか？　ドイツの大晦日につきものなのはシャンパン、花火、パーティーだけではありません。この日になると何百万もの人たちがテレビで同じショートドラマ「ひとりのための晩餐」を見るのです。ミス・ソフィーは友人たちと90歳の誕生日を祝うのですが、この友人たちというのはもう亡くなっているのです。彼女の執事ジェイムズは飲み物と食事を給仕するだけでなく、（ミス・ソフィーの友人である）４人の紳士の真似をして彼らのグラスを何回も飲み干さなければなりません。

Jubiläum(記念日)やPartyなどが目的語としてよく使われます)

mit ihren vier Freunden　彼女の４人の友人と(冠詞と数詞の両方をいう場合、この例のように冠詞が先で数詞があとになります)

allerdings　しかしながら

Mini-Info　祝祭日（1）

「大晦日に」「クリスマスに」と祝祭日を挙げる場合、どの前置詞を使ったらよいでしょうか。zu Silvester、zu Weihnachtenとzuを添えることが多いですが、an Silvester、an Weihnachtenとanが使われることもよくあります。地域、そして人にもよるようです。Ostern(イースター)、Neujahr(元旦)も同様に、zu、anどちらの前置詞も正しいとされています。Heiligabend(クリスマスイヴ)はanまたはamをつける形が一般的です。

94 ポーズ付　95

●「ひとりのための晩餐」はいつからドイツの大晦日の定番になったのでしょうか。

② 大晦日の恒例行事（後半）

Der Sketch wurde zuerst in England aufgeführt und kam 1962 ins deutsche Fernsehen. Seit 1972 wird das Drama jedes Jahr an Silvester gesendet. Mittlerweile ist das Programm auf Englisch in vielen deutschen Familien einfach eine Tradition. Der Satz von Miss Sophie, „The same procedure as every year, James“, ist vielleicht der bekannteste englische Spruch in Deutschland.

スラッシュ入りテキスト⇨158ページ

Vokabeln

wurde aufgeführt　上演された（auf|führen「～⁴を上演する」はdas Konzertやdas Theaterstückといった目的語とともに使われます）

kam ins deutsche Fernsehen　ドイツのテレビで放映された（直訳は「ドイツのテレビ放送に入った」）

der Sketch　ショーで演じられる寸劇やコント

mittlerweile　次第に、そうこうするうちに、これまでに、いまでは（過去のある時点から現在までの時間を表す副詞です。文脈によって訳し分ける必要があります）

die Tradition　伝統、ならわし（ある文化や社会、家族などの集団で受け継がれていくものごと）

der Spruch　格言、決まり文句

訳

この寸劇は最初イギリスで上演され、1962年にドイツのテレビで放映されました。1972年からこのドラマは毎年大晦日に放送されています。いまではこの英語のプログラムが多くのドイツの家庭で伝統行事になっています。ミス・ソフィーのセリフ「例年と同じやり方ですよ、ジェイムズ」は、ドイツでもっとも有名な英語の決まり文句かもしれません。

Mini-Info **祝祭日（2）**

12月31日は4世紀のローマ教皇Silvesterの日。教会暦では長らく1年の終わりは12月24日とされてきましたが、1582年にグレゴリオ暦が導入されたときにSilvesterの日に移されました。

Weihnachten、Silvester、Neujahrは毎年同じ日にちですが、Osternは年によってちがいます。「春分の日（3月21日）後の満月から最初の日曜日」と定められているためです。こうした祝日はbeweglicher Feiertag（移動祝日）と呼ばれます。

96

恒例のこと

皆さんの生活にはずっと恒例になっていることがありますか？「しきたり」ほど仰々しくはなくても、「寝る前にはぜったい読書」「お正月にはこのテレビドラマ」といった習慣は、どなたにもあるのではないかと思います。そうした恒例行事をドイツ語で説明する表現を学びましょう。

zu 3格 gehören　～^{3}の一部になっている、～^{3}には欠かせない

In Deutschland gehören Sekt, Feuerwerk und Partys zu Silvester.
ドイツでは大晦日にシャンパン、花火、パーティがつきものだ。

In dieser Schule gehört gemeinsames Musizieren zum Alltag.
この学校では皆で合奏をすることが日常になっている。

eine Tradition　ならわし、伝統

Das Fernsehprogramm ist in vielen Familien eine Tradition.
このテレビ番組は多くの家庭で伝統行事になっています。

Zu Weihnachten essen wir immer Käsefondue. Das ist bei uns eine Tradition.
クリスマスにはうちではいつもチーズフォンデュを食べる。それがうちのならわしだ。

jeden Tag / jede Woche / jeden Monat / jedes Jahr

英語のeveryに相当する定冠詞類jed-と名詞を組み合わせた表現で、恒例のことを述べる際によく用いられます。副詞的に使われる４格の名詞句であるため、たとえば男性名詞のTagの場合はjedに男性４格の語尾-enをつけ、jeden Tagとなります。

Jedes Jahr wird der Sketch an Silvester gesendet.
毎年このドラマが大晦日には放映される。

Wir gehen jede Woche zum Sport.
私たちは毎週運動をしに行く。

表現練習

表現の例文の一部を変えて作文しましょう。

a. ドイツでは*Dinner for one*という寸劇がとにかく大晦日の恒例行事になっている。

b. このドキュメンタリー・シリーズ（die Doku-Serie）は毎週火曜日に放送される。

解答例⇨149ページ

Sie sind dran

学習した表現を使って説明文を作文しましょう。

日本では毎年、年末によくベートーヴェンの第九交響曲が演奏され「歓喜の歌」が歌われます。この作品は日本では1918年に初めてドイツの戦争捕虜たちによって演奏されました。それ以来この曲は好まれ、いまでは日本の年の替わり目の恒例行事なのです（日本の年の替わり目の一部になっています）。

解答例⇨149ページ

Tipps

年末に　zum Jahresende
第九交響曲　die 9. Sinfonie
歓喜の歌　*An die Freude*
作品　das Werk
初めて　zum ersten Mal
ドイツの戦争捕虜たち　deutsche Kriegsgefangene
それ以来　seitdem
曲　das Musikstück
好まれる　beliebt
年の替わり目　der Jahreswechsel

Thema 02

ドイツ人にとっての住居

99 ポーズ付　100

● 住居は特別で大切な空間、ドイツの基本法でも住居の不可侵（Unverletzlichkeit）が保障されています。

①ドイツ人にとっての住居（前半）

In Deutschland legen viele Menschen großen Wert aufs Wohnen. Die Wohnung bedeutet für viele einen Ort, an dem man sich geborgen fühlen kann. Zugleich ist die Wohnung ein wichtiger Ausdruck des eigenen Lebensstils. Z. B. der Balkon, der bei der Wohnungssuche oft berücksichtigt wird. Für viele ist ein Balkon mit einem Gefühl von Freiheit verbunden.

スラッシュ入りテキスト⇨159ページ

Vokabeln

Wert auf 4格 legen　～^{4}に重きをおく、～^{4}を重視する

für viele　多くの人々にとって（vieleはvielの複数4格形）

Ort, an dem man ... kann　人が～できる場所（demはOrtを先行詞とする男性の関係代名詞、前置詞anと結びついているため3格）

sich^4 geborgen fühlen　自分自身が守られていると感じる（geborgen はbergenの過去分詞で「かくまわれている、守られている」）

der eigene Lebensstil　自分自身の生活スタイル

bei der Wohnungssuche　住居探しの際に（Wohnungssucheはdie Wohnungとdie Sucheからなる合成語）

der ... berücksichtigt wird　考慮される（derはBalkonを先行詞とする男性の関係代名詞、berücksichtigt wirdはberücksichtigenの受動形）

mit 3格 verbunden sein　～^{3}と結びついている（verbunden <verbinden）

Step 1

①概要把握 □
②音声を聞いて黙読(1) □
③深い理解 □
④音声を聞いて黙読(2) □

Step 2

⑤リピート □
⑥オーバーラッピング □
⑦音読 □

※詳細は5～6ページを参照

訳

ドイツでは多くの人が住居を重視しています。住居は多くの人にとって、外界から守られていると感じることのできる場を意味します。同時に住居は自分自身の生活スタイルの重要な表現でもあります。たとえば住居を探すときによく重視されるバルコニー。多くの人にとってバルコニーは自由の感覚と結びついています。

Mini-Info　**住まいに関して重視するのは…**

ある不動産会社が2016年におこなった調査によれば、いちばん重視されているのがhelle Räume/viele Fenster(部屋の明るさ・窓の多さ　89%)、2位はBalkon(88%)、Energiewerte(エネルギー効率)が第3位(86%)だったそうです。興味深いのは、Dusche(シャワーがあること)が85%で4位なのに対してBadewanne(浴槽)は8位(57%)と優先順位が少し低いこと。

また住まいを決めるときに住居自体のほかに何を重視するかを調べた別の調査では、Einkaufsmöglichkeitenがダントツでトップ。75%の人が、近くにどのような店があり、どの程度のものが買えるのかという点を重視すると回答したそうです。オンラインショッピングも普及した現在、住居選びのポイントがどう変わったか、興味深いところです。

101 ポーズ付　102

● 住居を重視するドイツ人、彼らが選ぶのはどのような住居なのでしょうか。

②ドイツ人にとっての住居（後半）

Dabei wohnt die Mehrheit zur Miete: rund 54 Prozent aller Haushalte. Ein Mieter sagt: Für eine Mietwohnung braucht man nicht so viel Geld. So kann ich Geld für meine Hobbys ausgeben. Man bleibt auch flexibler. Man kann schnell den Wohnort wechseln, wenn man z. B. einen neuen Arbeitsplatz antritt. Allerdings, so sagt er, machen ihm die steigenden Mieten auch Sorgen.

スラッシュ入りテキスト⇨159ページ

Vokabeln

dabei ...　～ではあるが(dabeiは副詞ですが、従属接続詞obwohlと同様の働きをし、先行する情報から予想されるものとは異なる内容を述べる際に使います)

die Mehrheit　多数派、大半(複数の人や物を含意する場合でも、この名詞自体は単数形です)

zur Miete wohnen　賃貸住宅に住む

der Haushalt　世帯

flexibler < flexibel　柔軟な

4格 an|treten　～^{4}を始める、職^{4}に就く

人^3 Sorgen machen　～^{3}に心配をかける(この文での主語はdie steigenden Mieten「上がり続ける家賃」)

訳

ただし過半数の人は賃貸住宅に住んでいます。全世帯の54パーセントほどです。賃貸住宅に住むひとりはこう述べています。賃貸住宅にはさほどお金がかかりません。それで僕は趣味などのほかの目的にお金を使えます。また(賃貸住宅では持ち家よりも)柔軟なままでいられます。たとえば職場を移ったら住むところを変えることもできます。ただ高騰する家賃は心配でもあります、とその男性は述べています。

Mini-Info 賃貸住宅に関する単語

ドイツで賃貸住宅の借り手が家主に払う費用は、賃貸契約時に支払う保証金(die Kaution)、家賃(die Miete)、諸雑費(Nebenkosten)です。諸雑費に含まれる費用は共用部の管理費や光熱費、住宅の暖房、固定資産税など。契約によってまちまちで「その他諸経費」(sonstige Betriebskosten)などのために不透明になることもあり、貸し手と借り手のあいだの係争になりやすい点です。家賃は、以前は諸経費も含めた金額(暖房光熱費が入ることが多いためにWarmmieteと言われます)で示されることもありましたが、最近は純粋な家賃(Kaltmiete)と諸経費が別に示されることが多いようです。ただ学生寮などはたいていWarmmieteです。礼金や更新料はありません。前者はドイツ語ではSchüsselgeld(鍵をもらうためのお金)、後者はVerlängerungsgebührと訳すことができますが、こうした料金がドイツ語圏にはないので、説明が必要になります。

103

一般化して語る

man　人は

不特定の人々を表す代名詞、3人称単数です。文脈で具体的な意味が変わります。

In der eigenen Wohnung kann man sich geborgen fühlen.
自分の住居では（外界から）守られていると感じることができる。

複数名詞

複数形を使うことで、そこに含まれる人々のことを広く表すことができます。

Viele Deutsche haben Werkzeuge zu Hause, damit sie die Mietwohnung selbst renovieren können.
ドイツ人の多くは、賃貸住宅を自分で改装できるように、自宅に工具をもっている。

定冠詞＋単数名詞　der Japaner（日本人は）のように、ある属性をもつ人々を類として表すことができます。ただこの表現には男性形を用いることが多く、ジェンダーへの配慮から昨今では避けた方がよいとされることもあります（Thema 03）。

Der Mieter darf z. B. neue Farben an die Wand streichen oder Löcher bohren.
借主はたとえば壁の色を塗り替えたり穴をあけたりしてもよい。

比較する

比較によって明確に伝えたり把握したりできるようになります。

原級比較　so 形容詞・副詞 wie A（Aと同じほど...）

doppelt（2倍に）、dreifach（3倍に）などを添えて差異を表すことができます。

In den Großstädten ist die Miete fast doppelt so hoch wie vor zehn Jahren.
大都市の家賃は10年前に比べてほぼ倍になっている。

比較級　形容詞・副詞-er als A（Aよりも...）

Mit einer Mietwohnung bleibt man flexibler als mit einem Eigentumshaus.
賃貸住宅に住む方が持ち家よりも柔軟でいられる。

原級比較と比較級

nichtを用いた原級比較は比較級とほぼ同じ意味内容を表します。

Mir ist der Zustand der Wohnung **nicht so wichtig wie** die Lage.
私にとって住宅の状態は立地ほど重要ではない。

= Mir ist der Zustand der Wohnung **weniger wichtig als** die Lage.

= Mir ist die Lage der Wohnung **wichtiger als** ihr Zustand.

表現練習

104

例文を応用して作文しましょう。

a. 日本では多くの場合（oft）住宅の賃貸契約（beim Mietvertrag）の際に礼金（Schlüsselgeld）を払わなければなりません（manを使って）。

b. 柔軟に生きること（＝柔軟性）の方が老後の保障（Altersvorsorge）よりも自分には大切だ。

解答例⇨149ページ

Sie sind dran

105

作文しましょう。一般化して語っている箇所ではmanを使ってください。

新しいカメラアプリをスマートフォンにインストールしました。これを使うと簡単にいろいろな効果を写真に加えられるんです。操作もプレインストールアプリよりずっと簡単。ただ機能も効果も多すぎます。

解答例⇨149ページ

Tipps

アプリ　die App (Applikation)

〜⁴を…³にインストールする　4格 auf 3格 installieren

これを使うと　damit

効果　der Effekt(-e)

〜³を…⁴に加える　4格 mit 3格 versehen

操作が簡単である　ist leicht zu handhaben（より簡単に操作されうる）

プレインストールされている　vorinstalliert

ただ　nur

Thema 03

ジェンダーに配慮した表現

106 ポーズ付　107

●1980年代以降、従来の表現に潜む性差別が問題とされるようになり、ジェンダー（社会的に作られた性差）に配慮した表現が少しずつ使われるようになってきました。

① ジェンダーに配慮した表現（前半）

Heute versuchen viele Menschen, die Sprache gendersensibel zu benutzen. Z. B. spricht man von Studierenden statt Studenten, da das Wort Studenten die Pluralform von Student ist. Die Gesellschaft für deutsche Sprache empfiehlt, weibliche und männliche Formen gleichzeitig zu nennen wie „Studentinnen und Studenten". Manchmal wurden auch neue Wörter geschaffen wie „Kauffachkraft" für das herkömmliche Wort „Kaufmann".

スラッシュ入りテキスト⇨159ページ

Vokabeln

gendersensibel　ジェンダーに配慮した、ジェンダーに配慮して

von 3格 sprechen　～[3]だと言う

Studierende　学生（studierenの現在分詞studierendから作られた複数名詞）

da　～なのだから

die Gesellschaft für deutsche Sprache　ドイツ語協会（ヴィースバーデンにある公的機関。現代ドイツ語の研究と同時にドイツ語の使用について勧告をするなど規範的役割も負っています）

empfehlen　～することを勧める

weibliche und männliche Formen　女性形と男性形

4格 schaffen　～[4]を創造する（werden ... geschaffenは受動態で「創造される」）

für das herkömmliche Wort　従来の単語の代わりに

Step 1

① 概要把握 □
② 音声を聞いて黙読 (1) □
③ 深い理解 □
④ 音声を聞いて黙読 (2) □

Step 2

⑤ リピート □
⑥ オーバーラッピング □
⑦ 音読 □

※詳細は5～6ページを参照

訳

こんにち多くの人が言葉をジェンダーに配慮して使おうとしています。たとえばStudentenの代わりにStudierendeと言います。というのもStudentenという語は(男子学生を表す)Studentの複数形だからです。ドイツ語協会は、「Studentinnen und Studenten」のように女性形と男性形を同時に挙げることを推奨しています。ときには新語が作られることもあります、たとえば従来のKaufmann(営業マン)の代わりにKauffachkraft(営業専門職)というように。

Mini-Info Gendern(1)

Gendern、英語ではgendering、ジェンダーに配慮した言葉を遣うことを指します。ドイツ語では特に職名などが特に問題になっています。die Lehrer dieser Schule(この学校の教師たち)という表現で考えてみましょう。この表現を見ただけでは、die Lehrerという複数形に女性の教師も含まれるのかどうかわかりません。実際にはほとんどの場合、女性も含まれているはずなのに、その女性の存在が言葉の上では消えてしまっています。このことが問題視されるようになりました。

そこで1980年代半ばからLehrerinnen und Lehrerのように女性と男性を併記することが多くなりました。併記する場合は順序も問題となり、男女の順で言ったら次は順番を入れ替えて女男とする、といったことも提案されています。SchülerInnenのように、女性を表す接尾辞-inの「i」を大文字にし、両性を一語で表すこともあります。

108 ポーズ付　109

● 新しい表現や言葉づかいは人々にどのように受け入れられているでしょうか。

② ジェンダーに配慮した表現（後半）

Die neuen Wörter hören sich noch ungewohnt an. Aber das Sprachbewusstsein der Menschen ändert sich. So klang noch 2005 das Wort „Bundeskanzlerin" für viele völlig fremd. Die Sprache bestimmt das Bewusstsein der Menschen und die Gesellschaft und umgekehrt. Wer weiß, wie es in zwanzig Jahren um das Pronomen „man" steht.

スラッシュ入りテキスト⇨159ページ

Vokabeln

sich⁴ ... an|hören　～だと聞こえる
ungewohnt　耳慣れない
das Sprachbewusstsein　言語意識
für viele fremd klingen　多くの人々にとって異質に聞こえる
das Wort „Bundeskanzlerin"　「Bundeskanzlerin　連邦首相（女性形）」という単語
4格 bestimmen　～⁴を定める
umgekehrt　逆に、逆だ
wer weiß　誰が知ろうか
in zwanzig Jahren　20年後に
wie es um 4格 steht　～⁴がどうなのか、どうなっているのか

訳

こうした新しい語はまだ耳慣れない響きがします。でも人間の言語意識は変化します。(アンゲラ・メルケルがドイツで史上初の女性首相に就任した)2005年にはBundeskanzlerinという語は多くの人にとってまったく聞き慣れぬものでした。言語は人間の意識や社会を規定しますし、また逆もしかりです。20年後には代名詞のmanだってどうなっているかわかりません。

Mini-Info **Gendern(2)**

こうしたルールを面倒だと退けたり反発したりする声もありますが、言語においても両性を平等に扱うことが1980年代から法律や条例によって公的機関に求められるようになり、それにともなって両性併記が社会の多様な領域で広く定着するようになりました。

最近は、男女のいずれでもない第三の性を自認する人々も含むことのできるLehrkraft、Lehrendeのような表現がより適切なものとして市民権を得てきています。このほかにLehrer*innenのように記号を入れる形も提案されており議論を巻き起こしています。記号は「*」(Gender-Sternchen)のほか「_」(Gendergap)、「:」(Doppelpunkt)が使われます。ただしこの記号を使った表記は、どう発音するのかといった問題もあり、ドイツ語協会は「勧められない」としています。

110

例を挙げる

例示によって説明がわかりやすく、また説得力のあるものになります。

zum Beispiel / z. B.　たとえば

beispielsweiseという副詞も同様の使い方をします。

Man spricht jetzt z. B. von Studierenden statt Studenten.
現在はたとえばStudentenの代わりにStudierendeと言います。

wie (etwa)　~のような、~のように、~など

Die Sprache ändert sich mit der Zeit, und es gibt viele Wörter, die nicht mehr gebraucht werden, wie etwa Fräulein.
言葉は時とともに変わるもので、Fräulein（もっぱら未婚女性に対して使われた「~嬢」という呼びかけ）など、いまではもう使われなくなった語もたくさんある。

印象を伝える

あることがらが「~のように見える」、ある表現や音が「~のように聞こえる」と、印象を伝える表現です。

klingen　~のように響く

In fremden Ohren klingt Deutsch hart.
ドイツ語を知らない人にはドイツ語はハードな響きがする。

sich[4] an|hören　~のように聞こえる

Das Instrument hört sich wie eine Gitarre an.
この楽器はギターのような音色だ。

aus|sehen　~のように見える

Es sieht nach Regen aus.
雨が降っているらしい。

aussehenはals ob（まるで~のようだ）と組み合わせることもよくあります。 als obの副文では動詞は接続法第２式です。

Unser Garten sieht jetzt so aus, als ob ein Sturm darüber gezogen wäre.
我が家の庭は今、まるで嵐が通り過ぎたようだ。

表現練習

印象を伝える表現を使って言いましょう。

a. この練習（die Übung）は難しそうに見えます。

b. ヒエログリフ講座（der Kurs Hieroglyphen）のプログラム、読んだ？ 面白そうだよ。

解答例⇨149ページ

Sie sind dran

学習した表現を応用して作文しましょう。

日本語には男ことばと女ことばのちがいがあります。女ことばを使う方がより柔らかく、より丁寧に響くものとされています。たとえば女性の多くは名詞の頭に、丁寧さのシグナルである「お」を付け加えます。こうしてジェンダーニュートラルな「手紙」が「お手紙」という女性的な形になるのです。

解答例⇨150ページ

Tipps

日本語には　im Japanischen（ほかの言語と区別して日本語を挙げる場合、das Japanische と言います）

AとBのちがい　Unterschiede zwischen A und B

女ことばを使う方が…と響くものとされている　Die Frauensprache soll ... klingen. ことばの使い手という第三者の意思を表す sollen を使います。

～を付け加える　4格 hinzu|fügen

名詞の頭に　am Anfang eines Nomens

～のシグナルである　4格 signalisieren（主語は前文を表す was）

～が…になる　aus 3格（1格）werden（～^{3}が変化して…が生じる）

女性的な形　eine feminine Form

Thema 04

シュレーバー菜園

113 ポーズ付　114

● 細かく区切られ柵で囲まれた無数の庭が鉄道に沿って延々と続く。ドイツを鉄道で旅すると必ずといっていいほど見かける光景です。いったい誰の庭なのでしょう。

① シュレーバー菜園（前半）

Wenn Sie zum ersten Mal in Deutschland sind, werden Sie sich über viele kleine Gärten vor der Stadt wundern. Das sind Schrebergärten. Hier haben die Stadtbewohner die Möglichkeit, Gemüse und Obst anzubauen und sich zu erholen. Die Kinder können hier toben. In vielen Gärten steht auch eine kleine Hütte. Dort kann man Kaffee trinken, etwas essen oder einen kurzen Mittagsschlaf machen. Nur darf man hier nicht übernachten.

スラッシュ入りテキスト⇨159ページ

Vokabeln

sich⁴ über 4格 wundern　～⁴を不思議に思う

Gemüse und Obst an|bauen　野菜や果物を植える

sich⁴ erholen　（ストレスや病気から）快復する、元気を取り戻す

toben　大騒ぎをしながら走り回る

Step 1

① 概要把握 □
② 音声を聞いて黙読（1） □
③ 深い理解 □
④ 音声を聞いて黙読（2） □

Step 2

⑤ リピート □
⑥ オーバーラッピング □
⑦ 音読 □

※詳細は5～6ページを参照

訳

はじめてドイツを訪れると、市街地の郊外にある多くの小さな庭園に驚くことでしょう。これはシュレーバー菜園というものです。この菜園で都市住民は野菜や果物を育て、元気を取り戻すことができます。子どもたちはここではしゃぎ回ることができます。菜園の多くには小屋も建っています。そこではコーヒーを飲んだり何か食べたりちょっと昼寝をしたりできます。ただしここに宿泊することはできません。

Mini-Info **造語のルール（1）**

ドイツ語は複合語を作るポテンシャルが高い言語です。この課の本文にもStadtbewohner、Mittagsschlaf、Kleingartenなど複数の複合語が含まれます。複合語の利点はなんといっても、複合語を構成する個々の語の意味を知っていれば、その複合語の意味もわかるという点ではないでしょうか。Stadtbewohnerという語を知らなくても、StadtとBewohnerという語がわかっていれば、「（田舎ではなく）町に住む人」という意味がわかります。なお本文で説明されているKleingartenのように複合語がひとつの概念として確立すると、もとの語の組み合わせ（ein kleiner Garten 小さな庭）とは異なる意味を帯びるケースもあります。

115 ポーズ付　116

● シュレーバー菜園はいつ頃生まれたのでしょうか。

② シュレーバー菜園（後半）

Mitte des 19. (neunzehnten) Jahrhunderts waren Stadtwohnungen eng, dunkel und ungesund. Deshalb forderte ein Arzt namens Schreber dazu auf, viele Aktivitäten im Freien zu machen. Später wurde der erste Kleingarten für Stadtbewohner nach ihm Schrebergarten genannt. Heute gibt es über eine Million Schrebergärten. Möchten Sie auch einen Garten mieten? Dann müssen Sie Ihren Namen auf eine lange Warteliste setzen.

スラッシュ入りテキスト⇨160ページ

Vokabeln

namens Schreber　シュレーバーという名の

dazu auf|fordern, zu不定句　～するようにと促す、～しようと呼びかける

im Freien　屋外で

nach ihm ... genannt werden　彼（シュレーバー医師）にちなんで名づけられる（4格 ... nennenで「～^{4}を ... と名づける、... と呼ぶ」）

訳

19世期半ばは、市街地の住宅は狭く、暗く、不健康でした。そこでシュレーバーという名の医者が、屋外で多く活動するようにと人々に呼びかけました。のちに最初の都市住民向け小菜園が、この医師にちなんでシュレーバー菜園と名づけられました。現在ドイツには100万以上のシュレーバー菜園があります。菜園を借りたいとお考えですか？　その場合は長いウェイティングリストに名前を載せなければなりません。

Mini-Info　**造語のルール（2）**

Bewohnerという語を知らない場合には、派生という現象がわかっていると助けになります。派生はもとの単語の語形が少し変化して別の語が生まれることで、Bewohnerは動詞bewohnenの派生語です。このケースは派生語と動詞不定形の関係がぱっと見てわかりますが、gehen → der Gang や ankommen → die Ankunftなど気づきにくいものもあります。なおkommenの派生形Kunftという名詞はいまでは存在しませんが、die Zukunft(未来)やkünftig(未来の)などの語に残っています。

117

可能性を述べる

話法の助動詞 können

Dort kann man Kaffee trinken.
そこではコーヒーを飲むことができる。

事物を主語とすることもあります。

Das Keyboard kann Klänge verschiedener Instrumente erzeugen.
このキーボードはさまざまな楽器の音色を出すことができる。

möglich / die Möglichkeit　可能な／可能性

Dank der Technologie ist es nun möglich, einfache Sätze gleich in eine Fremdsprache zu übersetzen.
テクノロジーのおかげで簡単な文ならすぐに外国語に翻訳することができる。

Hier haben die Stadtbewohner die Möglichkeit, Gemüse und Obst anzubauen.
ここでは都市住民が野菜や果物を栽培することができる。

sein + zu不定句　～されうる

受動の可能性を表します。

Gefühle und Wahrnehmungen sind manchmal schwer zu beschreiben.
感情と知覚をことばで描写することはときに難しい。

sich^{4} 動詞不定形 lassen　～されうる

sich^{4} lassenを動詞不定形と組み合わせて受動の可能性を表します。

Sie möchten Ihr Haus umweltgerecht renovieren?
Das lässt sich machen.
お宅を環境に配慮した形にリフォームなさりたいんですね？　できますよ。

許可と禁止

dürfen　~してよい、(否定の語とともに用いて) ~してはならない

一般的なルールについても、また個人同士の会話でも、広く使われる助動詞です。

Hier darf man nicht übernachten.
ここで宿泊してはならない。

Darf ich mitkommen?
ごいっしょしてもいいですか？

verboten sein　禁止されている

dürfenより硬い印象を与えます。

Hier ist Fotografieren verboten.
ここは写真撮影禁止です。

Hier ist es verboten, Fahrräder abzustellen.
ここに自転車を置くのは禁止です。

名前・タイトルを述べる

heißen　~という名前・タイトルだ

Der Titel des Romans heißt „Goldener Sand".
その小説のタイトルは「金の砂」といいます。

namens　~という名前の

In unserer Nähe gibt es einen Hügel namens Schweiz.
うちの近所にスイスという名前の丘があります。

4格 ... nennen　~^{4}を ... と呼ぶ、名づける

Wir nennen das Haus „Waldstille".
私たちはこの家を「森の静寂」と呼んでいます。

Der erste Kleingarten wurde nach dem Arzt Schrebergarten genannt.
最初の小菜園はこの医者にちなんでシュレーバー菜園と名付けられた。

sogenannt　いわゆる～

形容詞的に用いられ語尾変化します。

Die japanische Lunchbox, das sogenannte Bento, ist mittlerweile auch in Europa und in den USA populär.
日本のランチボックス、いわゆる弁当は、いまではヨーロッパや合衆国でも人気です。

beim Namen　名前で

Du solltest den Hund beim Namen rufen. Dann wird er sich gleich beruhigen.
この犬を名前で呼んだ方がいいよ。そうすればすぐにおとなしくなるから。

表現練習　118

例文を応用して言いましょう。

a. この装置で（mit dem Gerät）雨水（Regenwasser）を集めて家と庭に使うことができる。

b. 人が（jemand）私のことをあだ名で（beim Spieznamen）呼ぶのは嫌だ（Ich möchte nicht, dass ...）。

解答例⇨150ページ

Sie sind dran　119

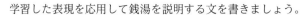

学習した表現を応用して銭湯を説明する文を書きましょう。

日本にはまだおよそ4000軒の公衆浴場、いわゆる銭湯がある。最盛期からは1万軒減っている。家で入浴したりシャワーを浴びたりする人が増えているのだ。だが公衆浴場にはそれ以外の可能性もある。広い浴室で休息をとることができたり、複数の種類の浴槽を楽しんだりできる。

解答例⇨150ページ

Tipps

およそ　rund

公衆浴場　öffentliche Bäder

最盛期からは1万軒減っている　「最盛期より1万軒少ない」と考え、10 000 weniger als in der Blütezeitとします。

〜する人が増えている　immer mehr Menschenを主語にして「ますます多くの人が〜する」と表現します。

公衆浴場にはそれ以外の可能性もある　「公衆浴場はさらなる可能性（weitere Möglichkeiten）を提供する（bieten）」と考えます。

浴室　der Baderaum（銭湯は家庭の浴室より広いためRaumを用います）

休息をとる　sich⁴ aus|ruhen

複数の種類の〜　mehrere Arten von 3格

〜を楽しむ　4格 genießen

Thema 05

ドイツ人と自動車

120 ポーズ付 121

● ドイツといえば自動車、ただ自動車についてのドイツ人の見方は変化し続けています。

①ドイツ人と自動車（前半）

Viele Deutsche lieben Autos und besitzen gerne eigene Autos. Die Mehrheit besitzt große Autos der deutschen Hersteller. Das ist aber nur eine grobe Tendenz. In Wirklichkeit hängt die Vorliebe für Autos auch davon ab, wo man lebt und zu welcher Generation man gehört. So fahren immer mehr junge Städter lieber Fahrrad. Heute sind die Menschen, die ein neues Auto kaufen, im Durchschnitt 53 Jahre alt. 1995 waren sie 46 Jahre alt.

スラッシュ入りテキスト⇨160ページ

Vokabeln

die Mehrheit　多数派、過半数の人々（少数派はdie Minderheit）

grob　おおまかな、粗い

von 3格 ab|hängen　～[3]次第である、～[3]によって決まる

die Vorliebe für + 4格　～[4]を愛好すること

zu 3格 gehören　～[3]に属する

so ...　たとえば、実際に（文頭におかれて、前の文の内容を具体的に説明するというシグナルになります）

immer mehr　次第に多くの

im Durchschnitt　平均で

1995 waren sie 46 Jahre alt.　sieは前文から「新車を買う人」を表します。

Step 1

①概要把握 ☐
②音声を聞いて黙読(1) ☐
③深い理解 ☐
④音声を聞いて黙読(2) ☐

Step 2

⑤リピート ☐
⑥オーバーラッピング ☐
⑦音読 ☐

※詳細は5～6ページを参照

訳

ドイツ人の多くが自動車を愛し、自家用車を所有しています。過半数の人はドイツのメーカーの大型車を好んでいます。ただこれは大まかな傾向に過ぎません。現実には車好きかどうかは、どこで暮らしているのか、またどの世代に属しているのか、といったことにもよります。たとえば都会に住む若い人たちは次第に自転車の方を好むようになっています。現在新車を買う人は平均して53歳です。1995年は46歳でした。

Mini-Info 前置詞つき目的語（1）

Ich bin auf die Reaktionen der Leserschaft gespannt.(読者の方々の反応がどのようなものかどきどきしています） この文のauf 4格 gespannt seinのように形容詞や動詞が特定の前置詞句と結びつく場合、この前置詞句を「前置詞つき目的語」といいます。前置詞つき目的語は豊かで、このレパートリーを増やすと表現の幅がぐっと広がります。

動詞の前置詞つき目的語は、4格目的語と同様に動詞との結びつきが強いことから、文末におかれる傾向にあります。次の文で考えてみましょう。

Ich habe mich nach langem Schwanken für die Teilnahme entschieden.
(長いこと迷ったあとで参加することに決めました）

habe ... entschiedenという枠のなかに入る要素がふたつ(nach langem Schwankenとfür die Teilnahme)、そのうちsich⁴ entscheidenとの結びつきが強く、文にとって不可欠な要素であるfür die Teilnahmeの方が文末近くにおかれます。

122 ポーズ付　123

● 人々の価値観のほかにも、自動車産業を取り巻く状況は大きく変化しているようです。

②ドイツ人と自動車（後半）

Alternde Autokäufer sind ein ernstes Problem für die Autobauer. Die Branche ist auch mit weiteren Herausforderungen konfrontiert. Die internationale Konkurrenz wird immer härter. Können die deutschen Autobauer Exportweltmeister bleiben? Es kommt darauf an, welche Ideen sie für Klimaschutz und Digitalisierung entwickeln und umsetzen können.

スラッシュ入りテキスト⇨160ページ

Vokabeln

alternde Autokäufer　直訳は「年をとってゆく自動車購買者」ですが、文脈から「自動車購買者の平均年齢が上がること」という意味になります。

die Branche　部門、産業部門

mit 3格 konfrontiert sein　～[3]と直面している

die Herausforderung　(取り組むべき)課題、チャレンジングなこと

immer härter　ますます厳しくなる

es kommt darauf an, ...　～次第である

welche Ideen　どのようなアイディア(を)

4格 entwickeln　～[4]を展開する、育てる

4格 um|setzen　～[4]を実現する

訳

車を買う人の年齢が上がっていることは、自動車メーカーにとっては重大な問題です。自動車産業はほかにもさまざまな問題に直面しています。国際的な競争は激しくなるばかりです。ドイツの自動車メーカーは輸出世界チャンピオンであり続けられるのでしょうか？　それはドイツの自動車業界が環境保護とデジタル化のためにどのようなアイディアを育て実現させられるかにかかっています。

Mini-Info　**前置詞つき目的語（2）**

前置詞つき目的語がzu不定句や副文の場合にはどうなるでしょうか。

Ich bin darauf gespannt, was Sie zu meinem Vorschlag sagen.

（私の提案になんとおっしゃるか、ご意見を楽しみにお待ちしています）

このように**da前置詞**（前置詞が母音で始まる場合は**dar前置詞**）を主文に入れ、コンマのあとにzu不定句や副文を続けます。da(r)-はうしろにzu不定句や副文が続くというシグナルです。

124

条件を述べる

es kommt auf 4格 an　～[4]次第だ、～[4]が重要だ

Es kommt darauf an.
場合によりけりだ。状況次第だ。

Beim Fußball kommt es besonders auf das Zusammenspiel der Mannschaft und die Taktik an.
サッカーでは特にチームの協働と戦術が重要だ。

Es kommt darauf an, welche Ideen die Autobauer für Klimaschutz entwickeln können.
自動車産業が環境保護のためにどのようなアイディアを展開できるかにかかっている。

von 3格 ab|hängen　～[3]によって決まる、～[3]次第だ

Ob wir am ersten Tag die Stadt besichtigen können?
Das hängt von der Ankunftszeit ab.
初日に町を見物できるかって？　それは到着時刻によるよ。

Die Vorliebe für Autos hängt auch davon ab, wo man lebt.
車好きかどうかは、どこで暮らしているのかにもよる。

現在分詞による簡潔な表現

現在分詞は**不定形-d**という形で、おもに形容詞的に名詞を修飾する役割を負います。現在分詞を使うと、関係文と同等の意味をよりシンプルな形で表すことができます。現在分詞を使った文を関係代名詞を使った文と較べてみてください。

Die alternde Gesellschaft ist ein ernstes Problem.
Die Gesellschaft, die altert (＝älter wird), ist ein ernstes Problem.
高齢化社会は深刻な問題だ。

Zu meiner Rede muss ich noch ein paar einleitende Worte hinzufügen.
Zu meiner Rede muss ich noch ein paar Worte, die die Rede einleiten, hinzufügen.
スピーチにまだ最初の導入のことばをいくつか付け加えなければなりません。

表現練習

学習した表現を応用して言いましょう。

a. 自動運転（selbstfahrend）車はもはや夢ではない。

b. 野外コンサート（das Freilichtkonzert）が行われるか（statt|finden）って？
それは天気次第だよ。

解答例⇨150ページ

Sie sind dran

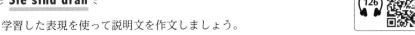

学習した表現を使って説明文を作文しましょう。

現在私たちは以前よりも、ほかの人とコミュニケーションをとるためのメディアをずっと多く有しています。これはつまり、そのときどきで適切なメディアを選ばなければならないということです。手紙を書くべきか？　それともSMSで十分か？　それはいつも、誰とどのような状況でコミュニケーションをとるかによります。

解答例⇨150ページ

Tipps

以前よりも　als früher

～するためのメディア　Medien, um ... zu不定句（Meidenはdas Mediumの複数形）

ほかの人とコミュニケーションをとる　mit anderen Menschen kommunizieren

これはつまり…　dies bedeutet, dass ...

そのときどきで　jeweils

適切な　passend

～を選ぶ　4格 aus|suchen

十分である　genügen　eine SMSを主語にします。

どのような状況で　unter welchen Umständen

Thema 06

メリッタ・ベンツ

127 ポーズ付 128

●20世紀初頭のドイツでは魔法瓶、アスピリンなど画期的な発明が相次ぎました。メリッタ・ベンツもそうした発明をしたひとりです。

① メリッタ・ベンツ（前半）

Machen Sie selber Kaffee? Nichts scheint einfacher als Kaffeekochen. Man muss nur in einen Filter Kaffeepulver reintun und heißes Wasser darauf gießen. So einfach ist das.

Vor etwa einhundert Jahren war es ganz anders. Damals tat man Kaffeepulver in heißes Wasser und wartete, bis das Pulver auf den Boden der Kanne gesunken ist. Gelegentlich benutzte man auch ein Sieb. Aber die Löcher waren entweder zu groß oder zu klein. Im Kaffee schwamm noch viel Pulver.

スラッシュ入りテキスト⇨160ページ

Vokabeln

nichts scheint einfacher als ...　…より簡単なものはないように思われる

4格 rein|tun　～⁴を中に入れる

Wasser gießen　水を注ぐ

bis ... gesunken ist　沈むまで（「完全に沈むまで」と、完了の意味が含まれるため、ここではsinkenの現在完了が使われています）

gelegentlich　ときには

das Sieb　ざる、茶こし

das Loch, Löcher　穴

schwimmen　水の上に泳ぐように浮かぶ、（ここでは）液体の中を漂う

Step 1

①概要把握 ☐
②音声を聞いて黙読 (1) ☐
③深い理解 ☐
④音声を聞いて黙読 (2) ☐

Step 2

⑤リピート ☐
⑥オーバーラッピング ☐
⑦音読 ☐

※詳細は5～6ページを参照

訳

あなたは自分でコーヒーを淹れますか？　コーヒーを淹れることほど簡単なことはないように思えます。フィルターにコーヒーの粉を入れてお湯をその上に注げばいいだけです。こんなに簡単なのです。

100年ほど前はまったくちがっていました。当時はコーヒーの粉をお湯の中に入れ、粉がポットの底に沈むまで待ったのです。茶こしが使われることもありました。でも穴が大き過ぎたり小さ過ぎたりしました。コーヒーの中にはまだ粉がたくさん漂っていました。

Mini-Info　**現在完了と過去時制（1）**

日常会話やニュース記事などでは、過去のことでも、現在完了形が用いられます。例外はsein、haben、受動の助動詞werden、そして話法の助動詞などです。逆に小説、伝記、歴史本では主として過去形が用いられます。

現在完了と過去時制の使い分けは、どの時を表すか、ではなく、ことがらをどのような態度で述べるかという話し手の態度にもとづきます。

現在完了は「記述・説明」の時制と言われるように、過去のできごとを自分の現在になんらかの形でつながっていることとして語る場合に使われます。

129 ポーズ付　130

● メリッタ・ベンツがした発明とはどのようなものだったのでしょうか。

② メリッタ・ベンツ（後半）

Das war für Melitta Bentz, eine Hausfrau in Dresden, unerträglich. Sie nahm eines Tages eine Blechdose, durchlöcherte ihren Boden und legte ein Stück Löschpapier in die Dose. So entstand das Urmodell der Kaffeefilter. Melitta erkannte den Wert ihrer Erfindung und meldete im Juli 1908 ihr Filtersystem beim Patentamt an. Noch im Dezember desselben Jahres gründete sie eine eigene Firma. Das Unternehmen Melitta wuchs und stellt heute unterschiedliche Haushaltswaren her. Aber Kaffeefilter bleiben das wichtigste Produkt, auch für uns Kaffeeliebhaber.

スラッシュ入りテキスト⇨161ページ

Vokabeln

unerträglich　耐えられない（「耐える」という意味の動詞ertragenから派生した形容詞）

die Blechdose　ブリキ缶

4格 durchlöchern　～⁴中に穴をあける（Lochから派生した動詞、前つづりのdurch-には「徹底して」という意味があります）

das Löschpapier　吸い取り紙（インクで文字を書く場合、紙の上に残る余分なインクを吸い取るための吸水性の高い紙）

entstehen　成立する

4格 erkennen　～⁴を認識する、見て～であることがわかる

der Wert ihrer Erfindung　彼女の発明の価値

4格 an|melden　～⁴を届け出る

4格 her|stellen　～⁴を作る、～⁴を製造する

訳

これはドレースデンの主婦メリッタ・ベンツには我慢のならないことでした。ある日彼女はブリキ缶を手に取り、その底に穴をいくつも空け、吸い取り紙をその缶のなかに敷きました。このようにしてコーヒーフィルターの原型が生まれたのです。メリッタは自分の発明の価値を見抜いて、1908年7月に特許局に自分のフィルターセットを申請しました。同じ年の12月にははやくも彼女は自分の会社を設立しました。メリッタ社は成長し、現在ではさまざまな家事用の製品を製造しています。でもコーヒーフィルターはいちばん重要な製品であり続けています、我々コーヒー党にとっても。

Mini-Info　現在完了と過去時制（2）

それに対して過去形は「物語る」時制とされます。過去形は、できごとを自分の現在からは切り離された、ひとつの完結した世界のこととして物語る、という話し手・語り手の態度を表します。

たとえば1989年のベルリンの壁崩壊に至る多数の東独市民の国外亡命、これを歴史の教科書などではTausende flohen über Ungarn in den Westen.(何千もの人々がハンガリー経由で西側に逃亡した)と過去時制を使って語りますが、同じことを自分の体験として語ると、Ich bin damals über Ungarn geflohen.と現在完了を使うのがふつうです。

131

否定による比較

原級比較や比較級を否定表現と組み合わせて、「～ほど…なものはない」と最上級の意味を表すことがあります。nichts、niemandのほか［kein(e) 名詞］も使われます。

Nichts scheint einfacher als Kaffeekochen.
コーヒーを淹れることほどたやすいことはないように思われる。

Für viele Menschen ist heute nichts wichtiger als ihr Handy.
多くの人にとって自分のスマホより重要なものはない。

Niemand kann so gut Sitzungen moderieren wie Sie.
あなたほど会議進行を務めるのがうまい人はいない。

Keine andere Fernsehserie ist so langlebig wie die Krimiserie *Tatort*.
サスペンスドラマ「現場」ほど長く続いているテレビ番組はほかにない。

noch

nochの基本的な意味は「言及された時点まで」ということ。そこから具体的な意味に分かれます。ここではふたつの意味を取り上げます。

（本来なら終わっていてもよいことが）まだ続いていること

Im Kaffee schwamm noch viel Pulver.
コーヒーの中にはまだ粉がたくさん漂っていた。

Jetzt noch schreibe oder tippe ich auf meiner alten Schreibmaschine.
私はまだ（手で）書いたり古いタイプライターで打ったりしています。

予期されたより前の時点で生じていること

Noch im Dezember desselben Jahres gründete sie eine eigene Firma.
同じ年の12月のうちにもう彼女は自分の会社を設立した。

Wir sind gestern zu meinen Eltern gefahren. Noch auf dem Hinweg wurde unser Sohn unruhig.
昨日両親のところに行ってきました。行く途中でもう息子がぐずり始めました。

表現練習

学習した表現を応用して言いましょう。

a. ほかの人の痛み（die Schmerzen anderer Menschen）を理解することほど難しいことはない。（原級比較を使って）

b. 晩のうちに私は家に帰った（wieder zu Hause sein）。

解答例⇨150ページ

Sie sind dran

学習した表現を使って説明文を作文しましょう。

森鷗外の作品を読んだことはありますか？　彼は近代のもっとも偉大な作家のひとりです。故郷の町にいるときからもうオランダ語を学び、10歳で医学の学業のためにドイツ語の学習を始めました。天賦の才があり、とても熱心に学んでいました。まもなく彼は、ほかの日本人には誰もできないほどよくドイツ語を使いこなすようになりました。

解答例⇨150ページ

Tipps

もっとも偉大な作家のひとり　einer der größten Schriftsteller

故郷の町にいるときからもう　noch in seiner Heimatstadt

10歳で　mit zehn

医学の学業　ein Medizinstudium

天賦の才がある　begabt

～を使いこなす　4格 beherrschen

ほかの日本人には～ない　kein anderer Japaner

Thema 07

クラブこそ生きがい

134 ポーズ付 135

● ドイツにはさまざまな余暇活動・非営利活動のためのクラブ・団体があります。

① クラブこそ生きがい（前半）

Treffen sich drei Deutsche, gründen sie einen Verein. So heißt ein alter Witz. In der Tat ist fast die Hälfte aller Deutschen Mitglied in einem Verein. Insgesamt existieren heute in Deutschland etwa 600 000 Vereine. Besonders beliebt ist Sport. Etwa 20 Prozent aller Vereine sind im Bereich Sport aktiv. Aber viele andere Tätigkeiten wie Kochen oder Lesen sind auch vertreten. Es gibt ebenso Vereine für Bierliebhaber oder Fans von klassischen Computern.

スラッシュ入りテキスト⇨161ページ

Vokabeln

Treffen sich drei Deutsche, ... ドイツ人が３人集まったら（動詞定形-主語という語順は条件文であることを示します。Wenn sich drei Deutsche treffen, ... と同義ですが、wenn文よりも簡潔な印象です）

So heißt ein alter Witz. 古いジョークはこう言っている（soは前文を受けています）

in der Tat 実際に

Besonders beliebt ist Sport. 特に人気があるのはスポーツだ（besonders beliebtが文頭におかれ、文のテーマとなっています）

im Bereich Sport スポーツの分野で

die Tätigkeit 活動

vertreten sein 存在している、見受けられる

Step 1

①概要把握 □
②音声を聞いて黙読(1) □
③深い理解 □
④音声を聞いて黙読(2) □

Step 2

⑤リピート □
⑥オーバーラッピング □
⑦音読 □

※詳細は5～6ページを参照

訳

ドイツ人が3人集まるとクラブを作る。昔からあるジョークではこう言われています。実際、ドイツ人の半数ほどが何らかのクラブのメンバーになっています。現在ドイツには全部で約60万のクラブがあります。特に好まれているのはスポーツです。クラブ全体の20パーセントほどがスポーツの分野で活動しています。でも料理や読書などさまざまなほかの活動のクラブもあります。ビール愛好者のクラブもあれば、ヴィンテージコンピューターのファンのクラブもあります。

Mini-Info　派生語の発音

Vereinはvereinen(ひとつにする)からの派生語です。vereinenはver-einenと発音されるため、VereinもVer-einと分けて発音します。同じく発音で注意の必要な派生語にbisschenがあります。bis-schenではなくbiss-chenと分けますね。

Thema 03で取り上げたジェンダーに配慮した語の読み方も注意が必要です。Autor(作家)の女性形AutorinはAu-to-rinという区切りで発音しますが、AutorInnenは「r」と「I」のあいだを切って発音します。女性形複数のAutorinnenと区別し、AutorInnenには両性が含まれることを音の上でも明確にするためです。記号を使ったAutor*innen、Autor_innenも「*」「_」でポーズをおきます。

136 ポーズ付　137

● クラブ・団体は社会の中でどのような役割を果たしているのでしょうか。

② クラブこそ生きがい（後半）

Vereine haben eine wichtige gesellschaftliche Funktion: sie verbinden die Menschen. Hier können sich die Menschen über die Grenzen der Berufe und der Generationen treffen. Andererseits gelten viele Vereine als verschlossen. Vereinsmitglieder haben tendenziell einen ähnlichen sozialen und kulturellen Hintergrund. Manche Vereine haben kaum Mitglieder mit Migrationshintergrund. Dabei ist die deutsche Gesellschaft heute viel multikultureller und heterogener. Ob Vereine weiter eine bindende Kraft sein können, bleibt weiter offen.

スラッシュ入りテキスト⇨161ページ

Vokabeln

: sie verbinden die Menschen.　「：」は「つまり」「たとえば」の意味で用いられます。verbindenは「～[4]を結びつける」

über die Grenzen　境界を超えて

andererseits　他方で

gelten als ...　...～だとみなされている

verschlossen　（外部に対して）閉じている

tendenziell　傾向的に、～の傾向にある

einen Hintergrund haben　背景をもつ

ähnlich　類似の

kaum　ほとんど～ない

Mitglieder mit Migrationshintergrund　移民のバックグラウンドをもつメンバー

Dabei ist ...　～なのだが

eine bindenden Kraft　結びつける力

offen bleiben　未解決のままである、結果がわからない

訳

クラブには重要な社会的機能があります。人々を結びつけるのです。ここでは職業や世代の垣根を超えて人々が出会うことができます。その一方でクラブの多くはオープンではないと考えられています。クラブのメンバーは同じような社会的・文化的背景をもつ傾向があります。移民のバックグラウンドをもつメンバーがほとんどいないクラブがかなりあります。ドイツ社会は今日、ずっと多文化で不均質になっているというのに。クラブが今後も結びつける存在でありえるか、その答えはまだわかりません。

Mini-Info **移民をめぐる表現**

ドイツは17世紀にはフランスのユグノー、19世紀には東欧諸国からの移民を受け入れ、彼らがドイツの文化、学問、産業の発展に大きな役割を果たしてきました。戦後は西ドイツがトルコや南欧から労働力として移民を呼び入れました。こうした現実を前に、移民に関する表現がさまざまに生まれてきました。

der Migrant/die Migrantinやder Einwanderer/die Einwanderin(移民)は、別の国から移り住み、移住先に定住するようになった人自身を指します。さらに2000年前後から、移民の子どもや孫の世代がドイツ社会の重要な構成メンバーになるとともに、Migrationshintergrund（移民のバックグラウンド）という表現が出現し、SchülerInnen mit Migrationshintergrundといった形で使われるようになります。

かつて移民は出自の言語や習慣などを放棄してドイツ社会にAssimilation(同化)すべきと考えられていました。その不平等さが認識され、現在では出自の文化を守りながらIntegration(統合)を目指すというのが社会的コンセンサスとなっています。

138

数値で説明する

硬めの文章にはよく数が使われます。会話でも経済や社会を話題にする場合には、数を挙げることが多くなります。大きな数や割合をまとめて学びましょう。

大きな数

Unsere Stadt hat 2,4 (zwei Komma vier) Millionen Einwohner.
私たちの町の人口は240万人だ。

Millionは女性名詞、したがって100万はeine Million、複数ではMillionenという複数形を用います。150万は1,5 Millionenと書き、eins Komma fünf Millionenと発音します。

In Deutschland existieren insgesamt etwa 600 000 Vereine.
ドイツには全部で約60万のクラブがある。

3桁ごとのまとまりは半角スペースで表すのがよいとされています。

die Hälfte

Fast die Hälfte aller Deutschen ist Mitglied in einem Verein.
全ドイツ人の半数弱が何らかのクラブのメンバーだ。

die Hälfteが主語の場合、形式上は単数形であるため動詞定形は3人称単数形とします。

分数

ein Drittel「3分の1」、zwei Drittel「3分の2」など、分数もよく用いられます。「何の割合か」を表すには、後ろに複数2格や［von 3格］を添えます。

Dieses Jahr werden insgesamt 60 Konzerte veranstaltet. Zwei Drittel davon finden draußen statt.
今年は60のコンサートが催される。その3分の2は屋外で行われる。

小数

小数には「,」(Komma) を使います。

2019 war eine Erwerbsperson durchschnittlich 15,4 (15 Komma vier) Tage krankgemeldet.
2019年には被雇用者の病欠日数は平均で15.4日だった。

小数は0,1も含めてすべて複数として扱います。

Die Leichtathletin kam 0,1 (null Komma eins) Sekunden später ins Ziel als die Siegerin.
その陸上競技選手は1位の選手より0.1秒遅くゴールした。

パーセント

Nur ein Prozent der Benutzer ist mit dem Service zufrieden.
利用者の1パーセントしかそのサービスに満足していない。

ein Prozentはeinが単数なので、動詞定形も単数形になります。Prozentの前の数が複数であれば動詞定形も3人称複数形です。

数値の範囲と正確さ

über ～より多くの

示された数値より上の範囲であることを示します。

Die Temperatur wird morgen auf über 35 Grad steigen.
明日の気温は35度以上まで上がりそうだ。

unter ～より少ない

Für Kinder unter 5 Jahren ist der Eintritt kostenfrei.
5歳未満の子どもは入場料無料です。

fast ～ほど、ほぼ

ある値に達していないがきわめて近いことを表します。fast die Hälfteで「ほぼ半数」。

etwa 約、およそ

数値よりも若干多かったり少なかったりする可能性を示唆します。etwa 600 000 Vereineは「約60万のクラブ」。同義語にrundやungefährがあります。

genau きっかり、正確に

Wir haben genau 50 Teilnehmer.
参加者はきっかり50名だ。

kaum

kaumは「ほとんど～ない」。fast gar nichtまたはfast gar keinと同じ意味です。

Manche Vereine haben kaum Mitglieder mit Migrationshintergrund.
かなりの数のクラブには移民のバックグラウンドをもったメンバーがほとんどいない。

Wegen des Unwetters konnte ich letzte Nacht kaum schlafen.
悪天候のせいで昨晩はほとんど眠れなかった。

表現練習

139

太字箇所をa.は分数を、b.はkaumを使って言い換えましょう。

a. In der Stadt gibt es 30 Schwimmbäder. **Zehn davon** sind Freibäder.

b. Im Hochsommer sind die Bäder so voll, dass man dort **fast nicht** schwimmen kann.

解答例⇨151ページ／日本語訳⇨153ページ

Sie sind dran

数値の表現を使いドイツの動物園について説明する文章を作文しましょう。

140

ドイツにはおよそ70の動物園がある。その4分の1が1900年以前に作られた。そのひとつがベルリン動物園だ。この動物園には約1300種の動物がおり、毎年300万人以上の入場者を惹きつけている。参考までに、日本で最大の動物園である上野動物園にはおよそ350種の動物がおり、350万人ほどの人が訪れている。

解答例⇨151ページ

Tipps

1900年以前に　vor 1900

作られた　wurde ... gegründet　gründen（～⁴を創設する）を受動態で用います。

そのうちのひとつが　einer davon　einerはein Zooを指す不定代名詞1格形。Zooが男性名詞なので、男性形のeinerとなります。

この動物園には…動物がおり　der Zoo hatと動物園を主語とする文にするとよいでしょう。後続の文「…惹きつけている」も動物園を主語とする形で表すことができ、動物園へのフォーカスがぶれずにすみ、また文型もシンプルになります。

1300種の動物　1300 Tierarten

300万人以上の入場者　mehr als drei Millionen Besucher

～を惹きつける　4格 an|ziehen

参考までに　参考のために比較する情報の先ぶれなのでim Vergleichを使います。

日本で最大の動物園　Japans größter Zoo

●練習問題解答例

[表現練習 解答例 ➡P14]

① Schon in meiner Schulzeit habe ich mich für Politik interessiert.
② Seit fünf Jahren arbeite ich als Elektriker / Elektrikerin.

[Sie sind dran 解答例 ➡P15]

Ich hoffe, es geht dir und deiner Familie gut.
Seit Anfang des Jahres lerne ich in einem Kurs Gebärdensprache. Schon als Kind habe ich mich dafür interessiert, und auch an meinem Arbeitsplatz ist diese Sprache jetzt ab und zu nötig. Kennst du die Gebärdensprache? Sie ist total spannend.

[表現練習 解答例 ➡P20]

① Zu meiner Familie gehören meine Großmutter, mein Vater, mein Bruder und unsere Katze Lukas.
② Ich komme mit meinem Großvater mütterlicherseits besonders gut aus.

[Sie sind dran 解答例 ➡P21]

Meine Eltern sind ganz schön aufgeregt, weil mein Bruder und seine Partnerin gerade ein Baby bekommen haben. Sie sind nun Opa und Oma. Wir freuen uns alle, dass wir jetzt ein neues Familienmitglied haben.

[表現練習 解答例 ➡P25]

① Hast du Lust, mitzukommen?
② Komm doch mit.

[Sie sind dran 解答例 ➡P25]

Diesen Oktober haben wir das 15. Jubiläum unserer Firma. Das möchten wir mit Ihnen zusammen feiern und Sie hiermit herzlich einladen. Die Party findet am 1.(ersten) Oktober um 18 Uhr statt. Wir würden uns freuen, Sie dabei begrüßen zu dürfen.

[Sie sind dran 解答例 ➡P29]

Vielen Dank für die Einladung. Ich möchte gerne kommen. Nur habe ich an dem Tag bis 18 Uhr einen anderen Termin und kann erst eine Viertelstunde später kommen. Ich hoffe, dass es in Ordnung ist, und freue mich, Ihr Jubiläum zusammen feiern zu dürfen.

[Sie sind dran 解答例　➡ P33]

Vielen Dank für die Nachricht. Ich wäre gern mitgekommen, aber leider bin ich gerade nächste Woche auf einer Geschäftsreise. Schade! Ich melde mich wieder, wenn ich zurück bin. Lass uns mal essen gehen.

[Sie sind dran 解答例　➡ P39]

Dieses Wochenende findet die mündliche Prüfung statt. Einen Monat lang habe ich mich genug darauf vorbereitet, aber ich habe immer größere Angst. Ich fürchte, es wird schiefgehen. Vor Sorge habe ich keinen Appetit. Ich weiß nicht, was ich tun soll.

[Sie sind dran 解答例　➡ P43]

Übermorgen ist das Jobinterview? Du bist sicher nervös. Bei einem Jobinterview wird bestimmt jeder nervös. Verlier nur nicht deinen Mut. Du hast dich ja sehr gut vorbereitet.

[Sie sind dran 解答例　➡ P47]

Wie geht's dir? Mir geht's super.
Ich habe die ganze Zeit intensiv Deutsch gelernt, um mich auf die Prüfung vorzubereiten. Und ... ich habe sie bestanden! Ich bin glücklich, ein großes Ziel erreicht zu haben. Nun möchte ich noch einen Schritt weiterkommen.

[Sie sind dran 解答例　➡ P51]

Vielen Dank für die erfreuliche Nachricht. Herzlichen Glückwunsch!
Ihr habt ja die ganze Zeit so intensiv geübt, ich habe euch immer bewundert. Ihr habt den ersten Preis wirklich verdient.

[Sie sind dran 解答例　➡ P55]

Vielen Dank für die Mail. Ehrlich gesagt bin ich momentan etwas deprimiert.
Ich habe an einem Wettbewerb für Landschaftsgestaltung teilgenommen, aber ich habe keinen Preis bekommen. Dabei habe ich mich so hart vorbereitet und meine Freunde haben meinen Entwurf hochgeschätzt. Jetzt habe ich keine Lust, etwas zu machen.

[Sie sind dran 解答例　➡ P59]

Deine Präsentation ist nicht gut gelaufen? Du warst bestimmt sehr nervös. An deiner Stelle wäre es mir genauso gegangen. So was kommt sehr oft vor. Denk heute lieber nicht mehr daran. Lass uns demnächst zusammen essen gehen.

[Sie sind dran 解答例 ➡ P64]

Heute Vormittag habe ich Sie wie abgesprochen besucht, aber Sie waren nicht da. Offensichtlich haben wir uns missverstanden. Können wir schnell einen neuen Termin vereinbaren? Haben Sie morgen Nachmittag Zeit? Sonst geht es bei mir auch übermorgen Vormittag. Lassen Sie mich bitte wissen, welcher Termin Ihnen besser passt.

[Sie sind dran 解答例 ➡ P71]

Sehr geehrte Frau Braun/Sehr geehrter Herr Braun,
ich möchte mich aufrichtig entschuldigen. Ich habe aus Versehen den Termin mit Ihnen völlig vergessen, dabei haben Sie sich extra für mich Zeit genommen. Können Sie mir noch eine Gelegenheit geben? Nächstes Mal wird so ein Fehler nicht vorkommen.

[Sie sind dran 解答例 ➡ P77]

Vielen Dank für die Mail mit der Information über das Symposium im nächsten Monat. Ich würde gerne kommen, aber leider habe ich die Mail wohl aus Versehen gelöscht. Könnten Sie mir bitte die Mail noch einmal senden? Ich danke Ihnen im Voraus für Ihre Mühe.

[表現練習 解答例 ➡ P82]

Bei uns ist eine neue Nachbarin eingezogen, und sie spielt jeden Abend laut Musik.
③ (Was soll ich da machen?)

[Sie sind dran 解答例 ➡ P83]

Ich habe mit dem Auto meines Vaters eine Spazierfahrt gemacht. In einem Parkhaus habe ich mit dem Auto einen Pfeiler gestreift, und es hat jetzt einen Kratzer! Was soll ich nun machen? Ich möchte Papa das Auto zurückgeben, ohne dass er es merkt. Hast du einen guten Rat für mich?

[Sie sind dran 解答例 ➡ P87]

Dein Hund will in der schönen Jahreszeit nicht Gassi gehen? Da machst du dir sicher Sorgen. Hast du dir seine Pfoten angeschaut? Vielleicht hat er sich irgendwo verletzt. Ihr solltet vorsichtshalber zum Tierarzt gehen.

[表現練習 解答例 ➡ P92]

Die Farbe steht dir gut. Aber ist sie dir nicht zu eng?

[Sie sind dran 解答例 ➡ P93]

Das Buch, das du mir geliehen hast, habe ich gelesen. Danke! Die Geschichte finde ich, wie du sie mir empfohlen hast, interessant. Nur konnte ich mich nicht so gut in die Geschichte vertiefen, es gibt so viele Anspielungen, die einen ablenken. Die Figuren sind auch ein bisschen stereotyp, finde ich. Aber das Tempo der Geschichte ist recht gut.

[Sie sind dran 解答例 ➡ P99]

Da bin ich mir nicht sicher. Wie können wir ohne Auto schwere Wasserkisten nach Hause bringen? Und zu meinen Eltern aufs Land kann man nur schwer mit dem Zug oder mit dem Bus fahren. Aber du hast schon recht, was die Umwelt und die Kosten betrifft. Überlegen wir noch weiter, was die beste Lösung ist.

[表現練習 解答例 ➡ P105]

a. In Deutschland gehört der Sketch *Dinner for one* einfach zu Silvester.
b. Die Doku-Serie wird jede Woche am Dienstag gesendet.

[Sie sind dran 解答例 ➡ P105]

In Japan wird jedes Jahr zum Jahresende die 9. Sinfonie von Beethoven gespielt und das Lied *An die Freude* gesungen. Das Werk wurde 1919 zum ersten Mal von deutschen Kriegsgefangenen gespielt. Seitdem ist das Musikstück beliebt, und nun gehört es zum japanischen Jahreswechsel.

[表現練習 解答例 ➡ P111]

a. In Japan muss man oft beim Mietvertrag Schlüsselgeld bezahlen.
b. Flexibilität ist mir wichtiger als Altersvorsorge.

[Sie sind dran 解答例 ➡ P111]

Ich habe eine neue Kamera-App auf meinem Smartphone installiert. Damit kann man Fotos leicht mit verschiedenen Effekten versehen. Die App ist viel leichter zu handhaben als die vorinstallierte App. Nur hat sie zu viele Funktionen und Effekte.

[表現練習 解答例 ➡ P117]

a. Die Übung sieht schwierig aus.
b. Hast du das Programm für den Kurs Hieroglyphen gelesen? Das klingt interessant.

[Sie sind dran 解答例 ➡ P117]

Im Japanischen gibt es Unterschiede zwischen Männersprache und Frauensprache. Die Frauensprache soll weicher und höflicher klingen. Z. B. fügen viele Frauen am Anfang eines Nomens „o" hinzu, was Höflichkeit signalisiert. So wird aus dem geschlechtsneutralen *Tegami* eine feminine Form *Otegami*.

[表現練習 解答例 ➡ P124]

a. Mit dem Gerät kann man Regenwasser sammeln und für Haus und Garten verwenden.
b. Ich möchte nicht, dass mich jemand beim Spitznamen nennt.

[Sie sind dran 解答例 ➡ P124]

In Japan gibt es noch rund 4 000 öffentliche Bäder, sogenannte *Sento*. Das sind 10 000 weniger als in der Blütezeit. Immer mehr Menschen baden oder duschen zu Hause. Aber öffentliche Bäder bieten weitere Möglichkeiten. Man kann sich in einem großen Baderaum ausruhen oder mehrere Arten von Bädern genießen.

[表現練習 解答例 ➡ P131]

a. Selbstfahrende Autos sind kein Traum mehr.
b. Ob das Freilichtkonzert stattfindet? Es hängt vom Wetter ab. / Es kommt aufs Wetter an.

[Sie sind dran 解答例 ➡ P131]

Heute haben wir viel mehr Medien als früher, um mit anderen Menschen zu kommunizieren. Dies bedeutet, dass man nun jeweils ein passendes Medium aussuchen muss. Soll ich einen Brief schreiben? Oder genügt eine SMS? Das hängt immer davon ab, mit wem ich unter welchen Umständen kommuniziere.

[表現練習 解答例 ➡ P137]

a. Nichts ist so schwer wie die Schmerzen anderer Menschen zu verstehen.
b. Noch am Abend war ich wieder zu Hause.

[Sie sind dran 解答例 ➡ P137]

Haben Sie ein Werk von Mori Ogai gelesen? Er ist einer der größten Schriftsteller der Moderne. Noch in seiner Heimatstadt lernte er Holländisch und fing mit zehn an, für ein Medizinstudium Deutsch zu lernen. Er war begabt und lernte sehr fleißig. Bald beherrschte er so gut Deutsch wie kein anderer Japaner.

[表現練習 解答例 ➡ P144]

a. In der Stadt gibt es 30 Schwimmbäder. Ein Drittel davon sind Freibäder.
（複数形Freibäderに合わせて定動詞も３人称複数形です）

b. Im Hochsommer sind die Bäder so voll, dass man dort kaum schwimmen kann.

[Sie sind dran 解答例 ➡ P145]

In Deutschland gibt es etwa 70 Zoos. Ein Viertel davon wurde vor 1900 gegründet. Einer davon ist der Berliner Zoo. Der Zoo hat etwa 1300 Tierarten und zieht jedes Jahr mehr als drei Millionen Besucher an. Im Vergleich: Japans größter Zoo, der Zoo in Ueno, hat rund 350 Tierarten und wird von fast 3,5 Millionen Menschen besucht.

● 練習問題日本語訳

[日本語訳 ➡ P25]

うちの近所に桜並木の歩行者道路があります。４月はじめにはそこの桜が満開になります。いっしょに来ない？　きっときれいだよ。いっしょにおいでよ。

[日本語訳 ➡ P29]

A：こんどの週末は晴れるようだね。散歩でもどう？
B：喜んで！　犬を連れて行ってもいい？
A：もちろん。いつがいちばん都合がいい？
B：土曜日はどう？
A：土曜日の午後は僕も都合がいいな。２時に森の入り口で落ち合おうか。

[日本語訳 ➡ P33]

A：次の金曜日に宇宙の誕生についての講演があるんだけど。いっしょに行かない？
B：とてもおもしろそう。でも残念だけど行かれないな。
A：残念だなぁ。時間がないの？
B：残念だけど。もうほかの予定があるんだ。
A：じゃあしかたない。いつかまた別の機会があるかもしれないね。

[日本語訳 ➡ P38]

A：明日プレゼンなんだ。すっごいストレス！
B：でも完璧に準備してたじゃない。心配しなくてだいじょうぶだよ。
A：そうだけど、でも…　あがっちゃってちょっと自信ないな。
B：だいじょうぶ、コーヒーでも飲もうよ。

［日本語訳　➡P43］

A：週末に試合があるの。いまからもうあがってる。

B：心配する必要ないよ。とてもがんばってたじゃないか。

A：でもほかの人だってみんながんばってきてるもの。

B：とにかく自分のことを信じるんだよ。

［日本語訳　➡P47］

A：週末は何をしたの？

B：コーラスのコンクールに参加したんだ。

A：へえ！　それでどうだった？

B：僕たちのコーラスが一等賞をもらったんだ。

A：それはおめでとう！

［日本語訳　➡P51］

A：ようやくゲームを終わりまでプログラミングしたんだ。スムーズに動いてるよ。

B：わぁ、ほんと？　おめでとう！

A：ありがとう。とても難しかったけど、なんとかできたよ。

B：がんばったかいがあったわね。

［日本語訳　➡P55］

A：どうしたの？　がっかりしてるみたいだけど。

B：うっかりして重要なデータを消しちゃったんだ。まったくいやになっちゃうよ。

A：ほんと？　データは復元できないのかな？

B：だめなんだ。もっと慎重にしなきゃいけなかったんだよ。

［日本語訳　➡P59］

A：試験に合格できなかったんだ。もうがっかり。

B：君の気持ち、よくわかる。

A：あんなにがんばったのに。

B：ほんとうに最善を尽くしてたよね。

A：それでも落ちちゃったし。自信をなくしちゃった。

B：次回はきっとだいじょうぶだよ。

［日本語訳　➡P64］

A：今日の午後に約束してたわよね。

B：明日の午後じゃなかったっけ？　ちょっと確認するよ…　あ、そうだ、ごめん！

A：もういいわよ。別の日にちを決めましょう。

B：決める権利があるのは君だよ。いつにするか提案してくれる？

[日本語訳　➡P70]

A：批判するつもりで言ったんじゃない、提案のつもりだったんだよ。

B：ごめん。君の言ったこと、誤解してた。すぐカッとなっちゃって。

A：いいよ。さあ、コーヒー飲んでもう少しお喋りしよう。

[日本語訳　➡P76]

A：ちょっとお願いしたいことがあるんだけど。僕が留守のあいだうちの猫に餌を遣ってくれないかな？

B：申し訳ないけど、猫アレルギーなの。

A：そうか。じゃ仕方がないね。デニスにでも訊ねてみるよ。

B：ほんとにごめんね。

[日本語訳　➡P82]

A：ちょっといいかな。困ったことがあるんだけど。

B：どうしたの？

A：うちの隣に新しい人が越してきて、その彼女が毎晩大音量で音楽をかけるんだけれど。こんなとき、どうしたらいいかな？

B：えぇー、それは困ったね。その人と話できないの？　できたらそれがいちばんだと思うけど。それが無理なら、僕だったら大家さんに話をするな。

[日本語訳　➡P87]

A：もうすっかり消耗しちゃった。仕事には終わりがないし、12時間以上パソコンと睨めっこで働かなきゃならなくて。

B：一日の流れをしっかり決めて勤務時間を限定した方がいいよ。

A：勤務時間を限定するって…どうやったらできるかな？

B：その日の目標を決めるといいかもしれないよ。

A：そうね、やってみる。

[日本語訳　➡P92]

A：僕の新しい上着、どう思う？

B：色は似合ってる。でもあなたにはちょっと細身すぎるんじゃない？

A：そんなことないよ。サイズはぴったりさ。

[日本語訳　➡P98]

A：子どもたちが学校に携帯を持っていかれるようになりました。信じられません！　こんなことをしていたらひどいことになります。

B：私はちがう意見です。子どもたちはスマホとともに成長しているのだし、この道具をどうやったらいちばんうまく使えるのか、学んでいかなければなりません。

A：それはそうかもしれないけれど、でも子どもたちが学習に集中しなくなりそうです。

B：その点、私は確信がもてません。やり方次第だと思います。

[日本語訳　➡P144]

a．この町にはプールが30箇所ある。そのうち10箇所は屋外プールだ。

b．盛夏にはこのプールはとても混雑して、泳げないほどだ。

●音読用テキスト（スラッシュ入り）

スラッシュを入れる単位は、表現の難易度や読み手の熟達度に応じて変わります。ここに示しているのは一例です。

[経歴を伝える (Szene 01) ➡P10]

Ich heiße Maki Tanaka / und bin 1992 geboren. / Seit 2020 / arbeite ich als Bühnenbild-Assistentin. / Schon als Kind / habe ich mich / für das Theater interessiert, / und von 2011 bis 2013 / habe ich in Hannover / Schauspiel studiert. / Aber nach und nach / hat sich mein Interesse verschoben, / und ich habe zum Studiengang Bühnenbild / in Dresden gewechselt. / Nach dem Diplom / habe ich eine Stelle / in einem Puppentheater bekommen. / Die Arbeit gefällt mir sehr gut.

[家族を紹介する (Szene 02) ➡P16]

Meine Familie ist mir / sehr wichtig. / Ich wohne schon lange nicht mehr / bei meinen Eltern, / aber ich fahre regelmäßig zu ihnen. / Ich habe eine Schwester und einen Bruder. / Mit meiner Schwester / komme ich besonders gut aus. / Mein Großvater mütterlicherseits / ist vor fast fünf Jahren gestorben. / Meine Großmutter ist Mitte 70 / und sehr aktiv. / Sie war früher Lehrerin / und gibt jetzt ehrenamtlich / Kindern Nachhilfe. / Meine Großeltern väterlicherseits / besuchen wir jedes Jahr / zu Weihnachten. / Da kommen auch / Tanten, Onkel, Cousins und Cousinen zusammen, / und es wird recht heiter.

[行事に誘う (Szene 03) ➡P22]

Anfang August / findet in unserer Stadt / ein großes Sommerfest statt. / Am Abend ist es besonders schön. / Da tragen die Leute Laternen / und laufen tanzend / durch die Stadt. / Damit empfangen und trösten wir / die Seelen der Verstorbenen, / sagt man. / Hast du Lust und Zeit, / mitzukommen? / Das Fest ist / vom 4. (vierten) bis zum 7. (siebten) August. / Wir wollen / am ersten oder zweiten Tag hingehen. / Da ist es noch nicht so voll / wie am Ende des Festes. / Wenn du kommen kannst, / hole ich dich / vom Bahnhof ab.

[誘いに応じる・交渉する (Szene 04) ➡P26]

Danke für die Nachricht. / Ich möchte gerne mitkommen. / So ein Fest / ist eine sehr seltene Gelegenheit. / Aber da sind gerade meine Eltern / bei mir zu Besuch. / Eigentlich habe ich ihnen empfohlen, / im Frühling oder im Herbst zu kommen. / Aber sie konnten sich / nur an diesen Tagen / frei nehmen. / Darf ich sie vielleicht mitbringen? / Sie würden sich sehr freuen, / dich kennenzulernen, / ich habe ihnen / so oft von dir erzählt.

［誘いを断る (Szene 05)　➡P30］

Danke für die Einladung zum Theaterbesuch. / Das Drama *Der zerbrochene Krug* / habe ich damals / in der Schule gelesen / und fand es sehr unterhaltsam. / Es ist sicher spannend, / das Stück auf der Bühne zu sehen. / Ich wäre schrecklich gerne mitgekommen. /
Aber wie du weißt, / habe ich gerade / viel um die Ohren. / So muss ich dir diesmal / leider absagen. / Es tut mir leid! / Wenn ich alles / hinter mir habe, / melde ich mich wieder.

［不安なこと・心配ごと (Szene 06)　➡P34］

Hast du schon einmal / auf einer Feier / eine Rede gehalten? / Ich noch nie! / Und morgen / muss ich das / auf der Hochzeit meiner besten Freunde tun. / Ich bin so nervös. / Zwar habe ich alles / so gut wie möglich vorbereitet. / Aber ich bin schon so angespannt. / Ist der Text gut genug? / Soll ich besser / noch heitere Episoden einbauen? / Was meinst du? / Ich möchte ja / die Gäste / und besonders die Braut und den Bräutigam / nicht enttäuschen.

［励ます (Szene 07)　➡P40］

Euer Konzert / ist ja schon dieses Wochenende. / Bist du aufgeregt? / Ich kann dich gut verstehen. / Ich bekomme auch / schnell Lampenfieber. / Es gibt aber keinen Grund zur Panik! / Du hast ja / unglaublich intensiv geübt. / Die Werke, / die du mir vorgespielt hast, / waren echt schön. /
Natürlich macht jeden / so eine wichtige Gelegenheit nervös. / Aber denke lieber daran, / welche Freude dir / das Klavierspielen macht. / Und noch ein Tipp: / Atme ganz tief und langsam. / Das hilft!

［嬉しいことを報告する (Szene 08)　➡P44］

Weißt du noch, / dass ich mich / um die Teilnahme / an einem Austauschprogramm beworben habe? / Heute habe ich / das Ergebnis erhalten. / Ich kann daran teilnehmen! / Es waren mehr als fünfzig / Bewerber und Bewerberinnen / für acht Plätze, / und ich war ganz schön nervös. / Aber ich konnte / den Auswahlprozess an sich / genießen. / Durch die Diskussion / mit den Leuten / ist mir / meine eigene Idee / klarer geworden. / Ich konnte auch / interessante Leute kennenlernen. / Ich kann sicher / weiter viel Neues erleben. / Darauf freue ich mich sehr!

[祝意を伝える (Szene 09) ➡ P48]

Du bist jetzt Abteilungsleiterin? / Herzlichen Glückwunsch! / Das freut mich sehr / für dich / und auch für die Firma, / die die Mitarbeiter / zu schätzen weiß! / Du hast ja immer / sehr verantwortungsbewusst / und auch kreativ gearbeitet. / Außerdem hast du / für offene Kommunikation gesorgt, / das finde ich besonders wichtig. / Ich habe es immer / angenehm empfunden, / mit dir in einem Team zu arbeiten. /
Man sagt, / Fleiß zahlt sich aus. / Deine Beförderung / ist ein gutes Beispiel dafür. / Du hast sie wirklich verdient.

[落胆を伝える (Szene 10) ➡ P52]

Momentan / fühle ich mich / sehr deprimiert. / Diesen Frühling / wollte ich in Peru / eine Wandertour machen. / Weißt du das noch? / Ausgerechnet vorgestern / bin ich von der Leiter gefallen / und habe mir das Bein gebrochen. / Was für ein Pech! / Ich wollte schnell eine Glühbirne wechseln. / Ich war einfach unaufmerksam. / Das hätte ich / lieber auf später / verschieben sollen. / So ein Ärgernis! / Und daran bin ich selbst schuld.

[共感を伝える (Szene 11) ➡ P56]

Du wirkst irgendwie abwesend. / Was ist denn los? / Was? / Du sollst das Projekt / vorzeitig abbrechen? / Das Projekt, / an dem du / so hart und intensiv / gearbeitet hast? / Das ist ja wirklich ärgerlich. / Ich kann mir vorstellen, / wie enttäuscht du bist. / An deiner Stelle / wäre ich auch sauer. / Denk jetzt lieber / nicht mehr daran. / Vielleicht solltest du jetzt / Urlaub nehmen / und dich ausruhen. / Melde dich jedenfalls, / wenn du mal / Lust bekommen solltest, / mit jemandem zu reden oder auszugehen.

[トラブルと苦情 (Szene 12) ➡ P60]

Das Zimmer geht / zur Straße hin? / Aber wir haben doch / ein Zimmer mit Gartenblick reserviert. / Wir wollten / auch hier im Stadtzentrum / unsere Ruhe haben. / Deshalb habe ich extra / nach einem ruhigen Zimmer zum Garten / gefragt. / Sie haben auch / schriftlich bestätigt, / dass uns ein Gartenzimmer / zur Verfügung steht. / Hier ist Ihre Mail. / Ein Zimmer / direkt über einer Allee, / das ist etwas anderes / als das, / was Sie uns angeboten haben.

[謝罪 (Szene 13) ➡ P66]

Du hast mir doch / die CD mit Weihnachtsliedern / geliehen. / Die Musik hat mir / sehr gut gefallen, / und ich habe alle Stücke / auf meinen PC kopiert. / Dabei habe ich aber / aus Versehen Kaffee auf die Hülle verschüttet. / Es tut mir furchtbar leid! / Ich hätte den Kaffeebecher / woanders hinstellen sollen. / Die Hülle / konnte ich schnell retten, / aber das Booklet hat nun / einen Fleck bekommen. / Wie kann ich das / wiedergutmachen? / Darf ich dir / eine neue CD kaufen?

[依頼 (Szene 14) ➡ P72]

Heute möchte ich dich / um etwas bitten. / Ich werde / vom 25. März / bis zum 12. April verreisen. / Kannst du da vielleicht / ab und zu mal / bei mir vorbeischauen / und die Pflanzen gießen? / Das wäre sehr nett. / Meine Pflanzen sind, / wie du weißt, pflegeleicht. / Ein- oder zweimal in der Woche, / das genügt. / Kannst du vielleicht / diese wichtige Aufgabe übernehmen? / Lass es mich bitte / in ein paar Tagen wissen.

[相談 (Szene 15) ➡ P78]

Darf ich dich kurz stören? / Momentan bin ich / im Endspurt zum Umzug. / Nun überlege ich mir gerade, / in der neuen Wohnung / umweltgerechteren Strom zu beziehen. / Bislang bin ich einfach / dem Anbieter meiner Eltern / treu geblieben. / Der Umzug ist / eine gute Gelegenheit / zu einer Änderung. / Nur gibt es so viele Anbieter, / und ich weiß nicht, / welchen Anbieter ich wählen soll. / Ich möchte nicht so einen, / der für Solaranlagen / die ganzen Wälder abholzt. / Hast du einen Tipp? / Worauf soll ich achten?

[アドバイス (Szene 16) ➡ P84]

Du hast / vor dem wichtigen Termin / die Grippe? / Du Arme! /
Zum Vorstellungsgespräch / solltest du aber nicht gehen. / Was, / wenn du jemanden ansteckst? / An deiner Stelle / würde ich gleich / die Firma anrufen / und die Umstände erklären, / natürlich mit einer Entschuldigung / und der Bitte, / den Termin zu verschieben. / Ich weiß, / wie wichtig die Stelle / für dich ist. / Bleib aber / gerade deswegen / ruhig zu Hause. / Eine gute Firma / berücksichtigt wohl deine Umstände / und zeigt sicher Verständnis.

[評価する・批判する (Szene 17) ➡ **P88**]

Den Flyer zu eurem neuen Kunstcafé / habe ich erhalten. / Vielen Dank! / Ihr wollt ja das Café / zu einem Ort machen, / in dem sich die Menschen begegnen / und ihre Ideen entfalten können. / Dieses Konzept / vermittelt der Flyer / sehr gut. / Ich vermisse nur ein bisschen / Hintergrundinformationen. / Warum wolltet ihr / das Café eröffnen? / Was für eine Vorgeschichte / gibt es? / Solche Sachen. /
Die Gestaltung des Flyers / hat mir gut gefallen. / Man hat schnell einen Überblick. / Die Farben und die Schriftarten / passen mit dem Inhalt / gut zusammen. / Insgesamt finde ich / den Flyer gelungen.

[意見と議論 (Szene 18) ➡ **P94**]

Ich bin der Meinung, / dass wir das Auto / abschaffen sollten. / Autos belasten ja / durch Abgase / die Umwelt. / Außerdem / sind die Unterhaltskosten / sehr hoch. / Dabei benutzen wir / unser Auto / nur am Wochenende / und ein paar Tage in den Ferien. / Ohne Auto / kann man hier in der Stadt / problemlos leben, / davon bin ich überzeugt. / Wenn wir mal / ein Auto brauchen, / können wir eins mieten. / Was meinst du?

[①大晦日の恒例行事 前半 (Thema 01) ➡ **P100**]

Haben Sie / besondere Gewohnheiten / für Silvester? / In Deutschland / gehören nicht nur Sekt, / Feuerwerk und Partys / zu Silvester. / An diesem Tag / schauen Millionen von Menschen / dasselbe kurze Drama / im Fernsehen: / *Dinner for One*. / Miss Sophie feiert / ihren 90. (neunzigsten) Geburtstag / mit ihren vier Freunden, / die allerdings schon tot sind. / Ihr Butler James muss / nicht nur Getränke und Gerichte servieren, / er muss auch / vier Herren nachahmen / und mehrmals ihre Gläser austrinken.

[②大晦日の恒例行事 後半 (Thema 01) ➡ **P102**]

Der Sketch wurde / zuerst in England aufgeführt / und kam 1962 / ins deutsche Fernsehen. / Seit 1972 / wird das Drama / jedes Jahr an Silvester gesendet. / Mittlerweile / ist das Programm auf Englisch / in vielen deutschen Familien / einfach eine Tradition. / Der Satz von Miss Sophie, / „The same procedure as every year, James“, / ist vielleicht / der bekannteste englische Spruch / in Deutschland.

［①ドイツ人にとっての住居 前半(Thema 02)　➡P106］

In Deutschland / legen viele Menschen / großen Wert aufs Wohnen. / Die Wohnung bedeutet / für viele / einen Ort, / an dem man sich / geborgen fühlen kann. / Zugleich ist die Wohnung / ein wichtiger Ausdruck / des eigenen Lebensstils. / Z. B. der Balkon, / der bei der Wohnungssuche / oft berücksichtigt wird. / Für viele / ist ein Balkon / mit einem Gefühl von Freiheit verbunden.

［②ドイツ人にとっての住居 後半(Thema 02)　➡P108］

Dabei wohnt die Mehrheit / zur Miete: / rund 54 Prozent aller Haushalte. / Ein Mieter sagt: / Für eine Mietwohnung / braucht man / nicht so viel Geld. / So kann ich / Geld für meine Hobbys ausgeben. / Man bleibt auch flexibler. / Man kann schnell / den Wohnort wechseln, / wenn man z. B. / einen neuen Arbeitsplatz antritt. / Allerdings, / so sagt er, / machen ihm / die steigenden Mieten / auch Sorgen.

［①ジェンダーに配慮した表現 前半(Thema 03)　➡P112］

Heute versuchen viele Menschen, / die Sprache gendersensibel zu benutzen. / Z. B. / spricht man von Studierenden / statt Studenten, / da das Wort Studenten / die Pluralform von Student ist. / Die Gesellschaft für deutsche Sprache / empfiehlt, / weibliche und männliche Formen / gleichzeitig zu nennen / wie „Studentinnen und Studenten“. / Manchmal wurden auch / neue Wörter geschaffen / wie „Kauffachkraft“ / für das herkömmliche Wort „Kaufmann“.

［②ジェンダーに配慮した表現 後半(Thema 03)　➡P114］

Die neuen Wörter hören sich / noch ungewohnt an. / Aber / das Sprachbewusstsein der Menschen / ändert sich. / So klang noch 2005 / das Wort Bundeskanzlerin / für viele völlig fremd. / Die Sprache bestimmt das Bewusstsein / der Menschen und die Gesellschaft / und umgekehrt. / Wer weiß, / wie es in zwanzig Jahren / um das Pronomen „man“ steht.

［①シュレーバー菜園 前半(Thema 04)　➡P118］

Wenn Sie zum ersten Mal / in Deutschland sind, / werden Sie sich / über viele kleine Gärten vor der Stadt wundern. / Das sind Schrebergärten. / Hier haben die Stadtbewohner / die Möglichkeit, / Gemüse und Obst anzubauen / und sich zu erholen. / Die Kinder können hier toben. / In vielen Gärten / steht auch eine kleine Hütte. / Dort kann man Kaffee trinken, / etwas essen / oder einen kurzen Mittagsschlaf machen. / Nur darf man hier / nicht übernachten.

[②シュレーバー菜園 後半(Thema 04) ➡ P120]

Mitte des 19. Jahrhunderts / waren Stadtwohnungen / eng, dunkel und ungesund. / Deshalb forderte ein Arzt / namens Schreber / dazu auf, / viele Aktivitäten / im Freien zu machen. / Später wurde der erste Kleingarten / für Stadtbewohner / nach ihm Schrebergarten genannt. / Heute gibt es / über eine Million Schrebergärten. / Möchten Sie auch / einen Garten mieten? / Dann müssen Sie / Ihren Namen / auf eine lange Warteliste setzen.

[①ドイツ人と自動車 前半(Thema 05) ➡ P126]

Viele Deutsche lieben Autos / und besitzen gerne eigene Autos. / Die Mehrheit besitzt / große Autos der deutschen Hersteller. / Das ist aber / nur eine grobe Tendenz. / In Wirklichkeit / hängt die Vorliebe für Autos / auch davon ab, / wo man lebt / und zu welcher Generation man gehört. / So fahren / immer mehr junge Städter / lieber Fahrrad. / Heute sind die Menschen, / die ein neues Auto kaufen, / im Durchschnitt / 53 Jahre alt. / 1995 waren sie / 46 Jahre alt.

[②ドイツ人と自動車 後半(Thema 05) ➡ P128]

Alternde Autokäufer sind / ein ernstes Problem / für die Autobauer. / Die Branche ist / auch mit weiteren Herausforderungen / konfrontiert. / Die internationale Konkurrenz wird / immer härter. / Können die deutschen Autobauer / Exportweltmeister bleiben? / Es kommt darauf an, / welche Ideen / sie für Klimaschutz und Digitalisierung / entwickeln und umsetzen können.

[①メリッタ・ベンツ 前半(Thema 06) ➡ P132]

Machen Sie selber Kaffee? / Nichts scheint einfacher / als Kaffeekochen. / Man muss nur / in einen Filter / Kaffeepulver reintun / und heißes Wasser / darauf gießen. / So einfach ist das. /

Vor etwa einhundert Jahren / war es ganz anders. / Damals tat man Kaffeepulver / in heißes Wasser / und wartete, / bis das Pulver / auf den Boden der Kanne / gesunken ist. / Gelegentlich benutzte man / auch ein Sieb. / Aber die Löcher waren / entweder zu groß / oder zu klein. / Im Kaffee / schwamm noch viel Pulver.

[②メリッタ・ベンツ 後半(Thema 06) ➡P134]

Das war für Melitta Bentz, / eine Hausfrau in Dresden, / unerträglich. / Sie nahm eines Tages / eine Blechdose, / durchlöcherte ihren Boden / und legte ein Stück Löschpapier / in die Dose. / So entstand / das Urmodell der Kaffeefilter. / Melitta erkannte / den Wert ihrer Erfindung / und meldete im Juli 1908 / ihr Filtersystem / beim Patentamt an. / Noch im Dezember / desselben Jahres / gründete sie / eine eigene Firma. / Das Unternehmen Melitta wuchs / und stellt heute / unterschiedliche Haushaltswaren her. / Aber Kaffeefilter bleiben / das wichtigste Produkt, / auch für uns Kaffeeliebhaber.

[①クラブこそ生きがい 前半(Thema 07) ➡P138]

Treffen sich drei Deutsche, / gründen sie einen Verein. / So heißt ein alter Witz. / In der Tat / ist fast die Hälfte aller Deutschen / Mitglied in einem Verein. / Insgesamt / existieren heute in Deutschland / etwa 600 000 Vereine. / Besonders beliebt ist Sport. / Etwa 20 Prozent aller Vereine / sind im Bereich Sport aktiv. / Aber viele andere Tätigkeiten / wie Kochen oder Lesen / sind auch vertreten. / Es gibt ebenso Vereine / für Bierliebhaber / oder Fans von klassischen Computern.

[②クラブこそ生きがい 後半(Thema 07) ➡P140]

Vereine haben / eine wichtige gesellschaftliche Funktion: / sie verbinden die Menschen. / Hier können sich die Menschen / über die Grenzen der Berufe und der Generationen treffen. / Andererseits gelten viele Vereine / als verschlossen. / Vereinsmitglieder haben tendenziell / einen ähnlichen / sozialen und kulturellen Hintergrund. / Manche Vereine haben / kaum Mitglieder / mit Migrationshintergrund. / Dabei ist die deutsche Gesellschaft heute / viel multikultureller und heterogener. / Ob Vereine weiter / eine bindende Kraft sein können, / bleibt weiter offen.

著者紹介
鷲巣由美子（わしのす　ゆみこ）
学習院大学大学院、オスナブリュック大学、ベルリン工科大学にてドイツ語圏文学を、東京ドイツ文化センター等でドイツ語教授法を学ぶ。現在、国士舘大学教授。2007 年度 NHK ラジオ「ドイツ語講座」応用編を担当。著書は『これならわかる　ドイツ語文法　入門から上級まで』(NHK 出版)

表現力を鍛える
中級ドイツ語音読トレーニング

2022 年 3 月 10 日　印刷
2022 年 3 月 30 日　発行

著　者© 鷲 巣 由 美 子
発行者　及　川　直　志
印　刷　株式会社三秀舎

発行所　101-0052 東京都千代田区神田小川町 3 の 24
電話 03-3291-7811(営業部)，7821(編集部)
www.hakusuisha.co.jp
株式会社　白水社
乱丁・落丁本は、送料小社負担にてお取り替えいたします。

振替 00190-5-33228　Printed in Japan　加瀬製本

ISBN978-4-560-08932-3